Борис Акунин

Любовь к истории

МОСКВА
ОЛМА Медиа Групп
2012

УДК 821.161.1
ББК 84 (2Рос-Рус) 6
А 44

Консультант
Михаил Черейский

Книга издана в авторской редакции,
орфографии и пунктуации

Акунин Б.

А 44 Любовь к истории. М.: ОЛМА Медиа Групп, 2012. – 304 с., илл.

ISBN 978-5-373-04491-2

«Любовь к истории» — это сборник исторических миниатюр, написанных Борисом Акуниным (Григорием Чхартишвили) для его авторского блога.

А еще из этой книги вы узнаете, кого наши соотечественники считают идеалом мужчины и женщины; кто для нас самый главный герой; чего мы ожидаем после смерти и хотим ли жить вечно.

УДК 821.161.1
ББК 84 (2Рос-Рус) 6

ISBN 978-5-373-04491-2

ЧТО ЭТО ЗА КНИЖКА

«Я завел этот блог, потому что жалко. Добро пропадает.

В смысле не Добро (оно-то не пропадёт), а нажитое добро. Много лет я перелопачиваю тонны исторической литературы в поисках фактов и деталей, которые могут мне пригодиться в работе. Всё, что цепляет внимание, аккуратно выписываю. Но пригождается максимум пять процентов, а остальные занятности так и лежат мертвым грузом, пропадают зря. Вот я и подумал, отчего бы не поделиться, а то ни себе, ни людям. Какие-то из этих разномастных сведений вам, я уверен, и так известны. Но что-то, возможно, удивит, напугает, обрадует или заставит задуматься — как в свое время меня. Буду вести этот блог до тех пор, пока не иссякнут закрома».

Этим коротким вступлением предваряется страничка в Живом Журнале, которую я веду с ноября 2010 года.

Меня давно интриговал блог как новая форма существования авторского текста. Короткие новеллы, важным элементом которых является иллюстрация, видеофрагмент, звук, а более всего — соучастие читателей, видятся мне прообразом грядущей литературы. Уже сегодня про нее ясно, что она будет использовать не бумагу, а носитель куда более живой и многофункциональный — электронную среду.

Вот почему для меня блог не просто игра на новом и непривычном поле, а литературная экспериментальная площадка. Теперь мне нетрудно вообразить, как может выглядеть целый роман, состоящий из эпизодов, в которых что-то нужно прочесть, а что-то увидеть или услышать. Причем у аудитории есть возможность выразить свои мысли и эмоции по отношению к прочитанному.

В этой книге собраны тексты, опубликованные в моем блоге за первые месяцы его существования. Не все, а только те, которые более или менее соответствуют заявленной теме: дней старинных анекдоты в авторской интерпретации и непременно с пояснением, почему они кажутся мне интересными/важными/актуальными.

Еще я прибавил один важный элемент, который и делает Живой Журнал живым: обратную связь.

Каждую из моих публикаций в ЖЖ («постов») сопровождает множество комментариев («комментов»), сделанных членами «Благородного Собрания» (оно же «Блогородное»). Так называется сообщество людей, являющихся, согласно принятой в ЖЖ терминологии, моими «френдами» и прошедших у меня в блоге регистрацию. На сей момент их примерно две с половиной тысячи человек, и они вовсе не обязательно относятся к моим публикациям одобрительно. В книге после каждого «поста» даны несколько «комментов» — в качестве иллюстрации. На самом деле, если тема вызвала у читателей интерес, счет отзывов идет на многие сотни. Между участниками дискуссии иногда возникают конфликты, в том числе острые. На случай непримиримого столкновения у меня в блоге введен институт «дуэли»: один из оппонентов, по воле жребия, падает, стрелой пронзенный, и навеки покидает «Благородное Собрание».

Конечно, в бумажном виде вся эта мобильная, несколько хаотичная форма виртуального бытия тускнеет. Похоже на стоп-кадр размахивающей руками и движущейся куда-то толпы. Видно, что всем им там оживленно и интересно, но картинка неподвижна.

Если вам захочется посмотреть, как это выглядит на самом деле, побродите по блогу. Вот его адрес: borisakunin.livejournal.com.

ИЗ ФАЙЛА «ПРИВЫЧКИ МИЛОЙ СТАРИНЫ»: ПОКАЯННОЕ

15.11.2010

Должен повиниться. Фраза, долго украшавшая черно-белые фандоринские обложки

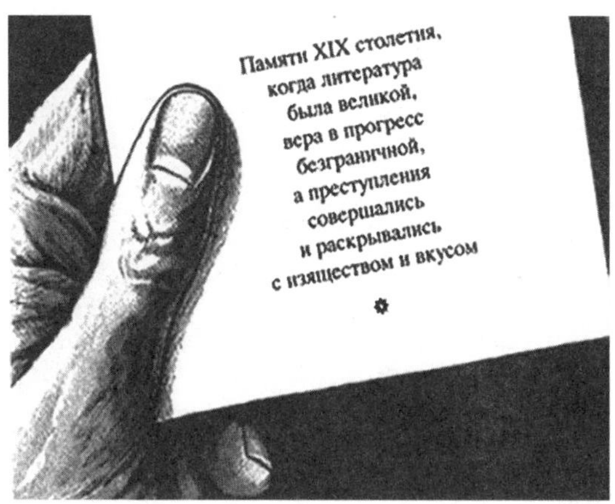

— бессовестный рекламный обман. Говорю это как человек, пролопативший страницы уголовной хроники русских газет, начиная с 1860-х годов (ранее в России то ли вообще не было преступности, то ли цензура не разрешала публиковать криминальные новости).

Никакого изящества и вкуса в убийствах той эпохи нет. Обычное тупое зверство, часто бессмысленное и почти всегда пьяное. Газетные отчеты о душегубах «России, которую мы потеряли» вызывают тоску и отвращение.

Изысканные злодеи XIX века

Вот несколько самых что ни на есть типичных злодейств «изящного века».

Случай № 1.

Убийство в Сокольниках

(Из «Московских губернских ведомостей» от 10 июля 1871 г.)

В Сокольничьей роще обнаружен труп молодого человека «по-видимому из простонародья» со следами удушения. На след убийц полиция вышла наиболее часто встречающимся в хрониках образом: один из преступников спьяну проболтался в трактире.

Вероятно, участники пикника в Сокольниках выглядели примерно так

Взяли голубчиков на Хитровке. Запираться никто не стал.

Убийство не планировалось, всё вышло как-то само собой. Сидели под кустиком, выпивали с новым знакомым, таким же вором, как остальные. Кончились деньги, а у мужика хорошие сапоги, да неплохая поддевка. Перемигнулись, накинулись гурьбой, удавили собутыльника его же портянкой. Поддевку и сапоги продали на толкучке, выручили 8 рублей, которые тут же и пропили.

Элементарно, Ватсон.

И всё время повторяется одно и то же: инфантильная неспособность понять что-то кроме сиюминутного шкурного интереса, без особенной заботы о последствиях. При этом не надо думать, что подобная одноклеточность присуща только людям «из простонародья».

Случай № 2.

Кровавая драма в приличном семействе

(«Петербургская газета» от 31 марта 1902 г.)

Судят юношу, некоего Александра Карра, который зарубил топором мать и двух сестер.

Причины у мальчика имелись, и пресерьезные. Он познакомился в танцклассе с барышней, в которую влюбился, а денег на приличное ухаживание нет, дома выдают на карманные расходы по гривеннику в день. «Думаю: отравлю я стариков, стану свободен, получу наследство и женюсь. Добыл стрихнину и прежде, для пробы, дал собаке. Она так мучилась перед смертью, что я, представляя себе муки стариков, пожалел их и выбросил яд». Жалостливый юноша решил поступить проще — взял дома деньги тайком. Купил барышне часы и кольца, а себе портсигар и пальто. Мать обнаружила пропажу, устроила скандал. Пригрозила гневом отца. Сашенька перепугался, схватил колун... Сестры на свою беду были дома — не оставлять же свидетелей. Порешил заодно и сестренок.

Ломброзарий

Сыщикам молодой человек наплел какую-то белиберду про нищего, якобы ворвавшегося в дом, но при первых же вопросах запутался и признался.

Случай № 3.

ШИРОК ЧЕЛОВЕК

(Из «Московских губернских ведомостей» от 30 декабря 1891 г.)

В чайной Ашихмина, что в Апраксином переулке произошло кровавое преступление. В отсутствие хозяина убили его жену, двухлетнюю дочь и девочку-няню. Головы всех трех жертв были размозжены утюгом. В живых остался только грудной ребенок.

Утром убитых обнаружил Лука Шамов, двадцатилетний конторщик хозяина, живший у него на положении приемного сына и пользовавшийся полным доверием. «Хилый, с анемичным лицом субъект, на верхней губе чуть-чуть показывается редкий волос, выражение глаз неуловимое, но крайне неприятное», — ябедничает про него газета.

Лука поднял крик, с окровавленным, но живым младенцем на руках выбежал к людям и в дальнейшем вел себя так эмоционально и натурально, что ни в ком не вызвал подозрений. (На самом деле, разумеется, всех порешил именно конторщик «с неприятно-неуловимым взглядом» — из-за 236 рублей и банковского билета, а сильную сцену с окровавленным младенцем он спланировал заранее).

Вернулся из отлучки хозяин. Зарыдал, обнял Луку и сказал: слава Богу, хоть ты у меня остался. От этих слов убийца покачнулся и бросился в ноги Ашихмину с криком: «Прости меня окаянного, Иван Павлыч!»

Совершенно смердяковская, очень русская история. Достоевскому она бы понравилась. Здесь больше всего потрясает не гнусное злодейство, а то, что даже у такого выродка, оказывается, есть душа и как-то всё это уживается в одном человеке. Но, согласитесь, и этот сюжет представляет интерес не с криминальной, а с психологической точки зрения.

Главные орудия убийства «изящного века»

Из комментариев к посту:

henri_the_horse

Преступления, рассказанные литераторами на страницах произведений, всегда получаются более изящными, нежели их прототипы из реальной жизни. А настоящее убийство всегда одинаково отвратительно, хоть в библейские времена, хоть в XXI веке. И не важно, чем оно совершается — ампулой цианида или ржавым тесаком.

svechin

Ну, в убийстве Андреем Гилевичем студента Александра Прилуцкого ради получения страховой премии — есть определённое изящество замысла. Как бы дико это не звучало… Да и вся семейка Гилевичей — мамаша и три негодяя-сына — были люди с фантазией. Хотя, конечно, это редкое исключение.

ТАКОЙ КРИКЕТ НАМ НЕ НУЖЕН

18.11.2010

Начинаю пост недостойным и даже постыдным образом — с самоцитирования.

«Нельзя не запачкаться, вычищая грязь — это суждение Фандорину приходилось выслушивать довольно часто, особенно от практиков законоохраны. Однако он давно установил, что так рассуждают лишь люди, не имеющие способности к этому тонкому ремеслу. Те, кто ленятся, ищут простых способов при решении сложных вопросов, не становятся настоящими профессионалами. Хороший дворник всегда в белоснежном фартуке, потому что не сгребает грязь руками, стоя на четвереньках, а имеет метлу, лопату, совок и умеет ими правильно пользоваться».

Хорошо помню, при каких обстоятельствах я записал эту незатейливую мысль, чтобы потом вложить ее в уста своего героя.

В тот день по телевизору в зиллионный раз показывали «Место встречи изменить нельзя». В очередной раз испытывая лютую неприязнь к персонажу, великолепно сыгранному Высоцким, я подумал: не сделать ли литературный римейк этой культовой притчи о злом и добром копе? Полюбовался я, как обаятельный муровец тайком засовывает Кирпичу в карман бумажник (пакетики с наркотой они додумаются подбрасывать позже), и ушел читать очередную историческую книжку, в которой как раз наткнулся на историю злоключений полицейского сержанта Попея. Одно легло на другое, сама собой возникла метафора дворника в чистом халате, а из нее потом вылупился роман «Статский советник».

Итак, про сержанта лондонской полиции Уильяма Попея.

Он служил во славу закона верой и правдой, был предприимчив, инициативен, бесстрашен. Происходило это во времена, когда тред-юнионы считались ужасно опасными организациями, подрывающими устои общества. С риском для жизни или, во всяком случае, для целости костей Попей внедрился в профсоюз угольщиков под видом обычного работяги. Судя по всему, это был первый в истории британской полиции (1831 г.) undercover agent. Сержант какое-то время добывал ценные сведения о кознях смутьянов, потом был разоблачен, но сумел унести ноги.

Самое интересное дальше. Когда начальство узнало о самодеятельности сержанта, он был с позором изгнан из рядов полиции ее величества. В приказе было сказано: «Всякая попытка Использования Шпионов в обычном смысле этого термина является практикой, оскорбительной для чувств Народа и крайне чуждой духу Конституции».

Во времена истерики, вызванной делом Джека Потрошителя, начальник лондонской полиции сэр Чарльз Уоррен оправдывал отсутствие у него осведомителей следующим аргументом: «Работа полиции должна быть открытой, видной всем, проводимой строго по регламенту — как играют в крикет, то есть в соответствии с правилами честной игры. Замаскированный полицейский подобен жулику, который переставляет «калитку» (wicket), когда противник уже ударил по мячу. Кроме того, подобные методы чреваты коррупцией, что не раз демонстрировала история». Из-за своего чистоплюйства Уоррен не сумел выловить убийцу лондонских проституток — и ушел в отставку, козел некреативный. Наш милицейский начальник как бы поступил? Назначил бы Потрошителем какого-нибудь бомжа или гастарбайтера, отрапортовал бы начальству, да получил повышение, а там, глядишь, как-нибудь обойдется. Расстреляли же у нас трех липовых чикатил, прежде чем попался настоящий...

All right, крикетную метафору спишем на туземный колорит, а вот насчет коррупции сэр Чарльз попал в самую точку, и сегодня это звучит актуально, как никогда. Всякая победа над преступностью, достигнутая нечестным путем, порождает в правоохранительной системе червоточину, и со временем эта гниль разъедает весь организм.

Зануда сэр Чарльз, который Потрошителя не поймал и Кирпича не расколол бы, но уж точно не потерпел бы «оборотней в погонах»

Чистыми руками грязь убирается медленней. Зато основательней.

Разумеется, со временем и британцы научились использовать для борьбы с преступностью шпионов, стукачей, двойных агентов и подсадных уток. Но дух сэра Чарльза до конца так и не выветрился. Никогда столь любимая нашим населением фраза «Воррр должен сидеть в тюррьме!» не служила в стране «честной игры» оправданием грязных методов борьбы с грязью.

Следим за мячиком!

Из комментариев к посту:

nedostreljani

На правах практика, имевшего в советскую еще пору самое непосредственное отношение к оперативно-следственной работе, вынужден, все же, усомниться в возможности раскрытия немалой части неочевидных преступлений без т. н. «низовой разработки». Не на всяком месте происшествия обнаруживаются генные и прочие микрочастицы для экспертного анализа. Далеко не всегда раскапываются очевидцы и прочие составляющие полноценной доказательственной базы. Вот тогда-то на мастеров не самой высоконравственной профессии и остается вся надежда. Можно, конечно, возразить, что возясь с агентурой и сам чистеньким не останешься. Ну, не знаю, не знаю. За других говорить не могу, за себя отвечу — не испачкался. А немалое число злодеев за решетку с помощью осведомителей упечь удалось.

---

noriko_san

Да, грязь в милиции\полиции чрезвычайно актуальная тема. К сожалению. Моему личному, в частности, так как я, с некоторого времени имею отношение к этой структуре. Друзья спрашивают: «Как тебя с твоей поэтической натурой и обостренным чувством справедливости занесло в это болото?» «А где же не болото», — отвечаю я. Коррупция сейчас процветает и в гражданских организациях, и во властных структурах. Но это лирика. Что же до практики, считаю, что чистка рядов необходима, но не в том порядке, в котором происходит — честных и совестливых и увольняют. А еще сокращают вакансии. В то время, как там, где нужно «чистить», все по-старому. А прием на работу: обещают создать центры НЛП вместо штатных психологов. Кого программировать? И на что?:) По-моему, логичнее было бы просто вывести психологов из подчинения начальству УВД. Но это только мое мнение, которым я могу лишь поделиться.

❧ ЕСЛИ Б Я БЫЛ СУЛТАН. ТО ЕСТЬ СЁГУН

22, 24.11.2010

Если б я был монархом, обладающим неограниченной властью, из меня, наверное, получился бы Собачий Сёгун.

Вот как я выглядел бы в этом случае

Такое прозвище у современников и потомков получил Цунаёси, пятый сёгун династии Токугава, правивший в конце семнадцатого — начале восемнадцатого столетия.

Цунаёси родился в год собаки и всю жизнь очень любил наших блохастых четвероногих друзей. Взойдя на престол, он получил возможность развернуть свою любовь в государственном масштабе.

Задолго до того как на Западе возникли общества защиты животных Цунаёси издал кучу законов, получивших красивое название 生類憐みの令 — «Эдикты о сострадании ко всему живому». Эти указы строго-настрого запрещали лишать жизни бродячих собак, загнанных лошадей, кошек, и в дальнейшем список защищенной законом живности всё увеличивался, охватив домашнюю птицу, черепах и даже змей.

Но по-настоящему государь любил только собак, именно о них он заботился больше всего. У себя на псарне (как я ему завидую!) он содержал больше сотни псов. Повсюду создавались приюты для бездомных собак, в самом большом из них скулило и гавкало 50000 барбосов.

Японцы в те времена питались в основном овощами и немножко рыбой (рис для низших сословий считался лакомством), но собачкам, которые отказывались кушать редьку с морковкой, подавали и мясо, три раза в день. Если пес вел себя неподобающим образом, его нельзя было ни бить, ни даже бранить, а предписывалось действовать ласками и уговорами. Запрещалось также обращаться к собакам на «ты» — только «о-ину-сама», то есть «почтенный господин пёс»

И начались для японских трезоров блаженные времена

Мне хочется думать, что неслучайно именно в правление Собачьего Сёгуна в стране произошел невиданный расцвет культуры — литературы, театра, изобразительного искусства и ремесел (так называемая «Эпоха Гэнроку», японский ренессанс). Что-то такое витало в воздухе, прекраснодушное и слегка безумное — идеальные условия для творческого взрыва. Главный пир самурайского благородства, история 47 верных вассалов (не буду рассказывать, и так все знают), тоже приключился во времена собакофила Цунаёси.

Эпоха Гэнроку: все добрые, веселые и красивые

Зануды-историки объясняют нестандартную политкорректность Цунаёси всякими скучными причинами. Он-де был младшим сыном, поэтому с детства его готовили не в воины, а в книжники, и мальчик слишком буквально воспринял буддийские наставления о равноценности всех проявлений жизни. Кроме того, со старинных времен существует легенда, согласно которой Цунаёси заботился о собаках по наущению буддийского монаха. Тот якобы сказал сёгуну, недавно потерявшему единственного сына, что это наказание за грехи прошлой инкарнации, в которой пред-Цунаёси мучил собак, и теперь, если его величество желает иметь наследника, нужно искупить вину. Ну и, конечно, как в прежние времена, так и сегодня, находились злые люди, объяснявшие удивительную политику правителя чокнутостью.

Цунаёси-подросток — еще при папе, но уже с собачкой

А для меня никакой тайны в поступках Цунаёси нет. Просто собаки ему нравились больше, чем люди. Потому что собаки преданнее, благодарнее, доброжелательней и никогда никому не делают гадостей, просто чтобы сделать гадость. К тому же они существенно красивей нас. Как же их, спрашивается, не любить?

Во французском городке, куда я уезжаю писать книжки, очень много собак, причем процентов девяносто из них составляют лабрадоры. Я люблю почти всяких собак, в том числе дворняжек, но лабрадоры, по-моему, цари природы. Я восхищаюсь их благожелательностью, приветливостью, оптимизмом, вежливостью и экзистенциальной позитивностью. Ни разу не был я облаян, обрычан или даже бесцеремонно обнюхан французским лабрадором — а в общении с человеками это случается постоянно.

Если бы люди в своем повседневном поведении брали пример с лабрадоров, мы жили бы в раю.

Даешь лабрадоризацию человечества!

Когда-нибудь мы все будем смотреть друг на друга так, как смотрит на мир моя знакомая по имени Боба

И все-таки — учит нас история Собачьего Сёгуна — людей нужно любить больше, чем собак, даже если люди этого не заслуживают. Потому что если людей не любить и обращаться с ними хуже, чем с собаками, люди никогда не научатся вести себя по-лабрадорски и расплачиваться за это придется всему живому. Судьба политкорректных начинаний Цунаёси — отличная иллюстрация к теме о несовместности прекрасных намерений с непрекрасными методами.

Подданные сёгуна не желали делиться с собаками пищей, которой беднякам и так не хватало; одержимые антропоцентризмом, они не хотели кланяться шавкам и моськам; негодовали на налоги, введенные в пользу братьев наших меньших — в общем, оказалось, что идеи буддизма недостаточно широко проникли в сознание народных масс. От этого сёгун сердился и нервничал. Он боялся, что не успеет за время своей текущей инкарнации изменить человеческую природу к лучшему. А когда неограниченный правитель нервничает, он принимает меры.

Была учреждена сеть ину-мэцукэ (выражаясь по-современному, собачьих стукачей), которые доносили начальству обо всех случаях жестокого обращения с животными. Виновных били палками. Когда же жители одной деревни истребили стаю собак, всех крестьян казнили в назидание: для Будды жизнь животного ничуть не менее важна, чем жизнь человека.

Столичный город Эдо пропах псиной. По улицам носились стаи одичавших собак, иногда нападая на прохожих. Убивать ушастых хулиганов воспрещалось. Максимум — арестовать без применения насилия и доставить в участок.

Инугами — Собачий Дух, с которым лучше не связываться, он жутко мстительный

Родственник правителя князь Токугава Мицукуни, пользуясь своим высоким положением, продолжал кромсать собак — и народ восхищался этим поганым популистом. Однажды зимой Мицукуни прислал в подарок сёгуну двадцать собачьих шкур — «погреться».

Вот он, гад. Что за гнусная собаконенавистническая рожа!

Если такое могло произойти при жизни Цунаёси, стоит ли удивляться, что сразу же после его смерти, еще до торжественного погребения, эдикты о милосердии к животным были отменены при всеобщем ликовании публики.

Что тут началось! Безответных собаченций колотили, гоняли, мучили, убивали. В общем, поднялись с колен, отвели душу. Любовь Собачьего Сёгуна вышла бедным собачкам боком.

Самое обидное, что наследник у Цунаёси так и не появился, власть перешла к племяннику, заядлому собакофобу.

Нет, самое обидное даже не это, а то, что я, обожая собак, вынужден жить сиротой. Когда-то давно, в детстве, у меня был щенок, но счастье длилось недолго. Потом обнаружилось, что у меня на собак аллергия. Когда ко мне в руки попадает псина, я не могу удержаться — начинаю ее теребить и тискать, а потом долго сморкаюсь и исхожу слезами.

Вот такая во всех отношениях грустная история.

Из комментариев к посту:

---

syrplyas

Я извиняюсь, но не могу удержаться чтобы не рассказать анекдот, или даже притчу в тему.

Как-то ко мне во двор забрел старый, устало выглядящий пес. На нем был ошейник, и пес был весьма упитанным, так что я поняла, что он не бездомный и за ним хорошо ухаживают. Пес спокойно подошел ко мне, я погладила его по голове; затем он зашел вслед за мной в дом, медленно пересек прихожую, свернулся калачиком в углу, тяжело вздохнул и уснул. На следующий день он пришел снова, поприветствовал меня во дворе, опять зашел в дом и уснул на том же месте. Спал он примерно час. Так продолжалось несколько дней. В конце концов мне стало интересно, и я прикрепила к его ошейнику записку следующего содержания: «Хотелось бы знать, кто хозяин этой прекрасной собаки, и знает ли он (то есть вы), что пес практически каждый день приходит ко мне вздремнуть?»

На другой день пес пришел снова, и к его ошейнику был прикреплен следующий ответ: «Он живет в доме, где растут шестеро детей, двоим из которых не исполнилось еще и трех лет. Так что он просто пытается где-нибудь отоспаться. Можно я тоже приду к вам завтра?»

---

marinagra

Люди свысока относятся к собакам и прочим зверям, за что те и другие расплачиваются жизнью. Перед извержением Везувия, уничтожившего в 79 г. н. э. Помпеи, Геркуланум и Стабию, все домашние животные, которые имели возможность убежать, ушли подальше от вулкана, но люди не вняли этому предупреждению об опасности. Цепные собаки убежать не смогли. Когда началось извержение и землетрясение, люди в панике бросились бежать и забыли отвязать собак. Собаки погибли, их останки найдены во время раскопок.

Через почти 2000 лет, перед недавним разрушительным цунами все звери убежали с побережья в горы. И опять та же история — люди не поняли предупреждения и погибли. Слушайся зверей — и уцелеешь в «последний день Помпеи»!

О СВОБОДНОЙ ЛОЯЛЬНОСТИ

29.11.2010

Готов держать пари, что мало кто из вас прочитал манифест Н. С. Михалкова о просвещенном консерватизме. И вашу инертность можно понять. Есть ощущение, что все произведения Никиты Сергеевича, созданные в последнее десятилетие, адресованы не нам с вами, а Единственному Зрителю-Читателю и относятся к жанру «истину царям с улыбкой говорить». Тут классическое па-де-де «Поэт и Царь»; публике дозволяется внимать, однако встревать было бы бестактностью.

Но я все-таки прочел этот немаленький идеологический трактат и о потраченном времени не жалею. Зря злые люди говорят, что Никита Сергеевич не изобрел ничего нового, а лишь пересказал воззрения Победоносцева с графом Уваровым. Меня, например, чрезвычайно заинтересовала концепция «свободной лояльности», ради которой, по-моему, главным образом и создавался этот текст.

Соревновательность в любви к верховной власти — явление, прямо скажем, не новое, но никому еще не удавалось сформулировать это похвальное гражданское качество с таким изяществом. Понимаете: не лизоблюдство, не подхалимство, не раболепство, а *свободная лояльность*, и ключ здесь в том, что она сегодня действительно более или менее свободна. Вокруг нас полно людей, которые не желают обожать Власть, и живут себе. Немало и таких, кто сражается за призовые места на чемпионате по свободной лояльности — ну и селигер с ними. Каждый выбирает для себя.

Поскольку блог у меня исторический, я сразу стал думать, какой эпизод из прошлого нагляднее всего продемонстрирует свободную лояльность во всей красе.

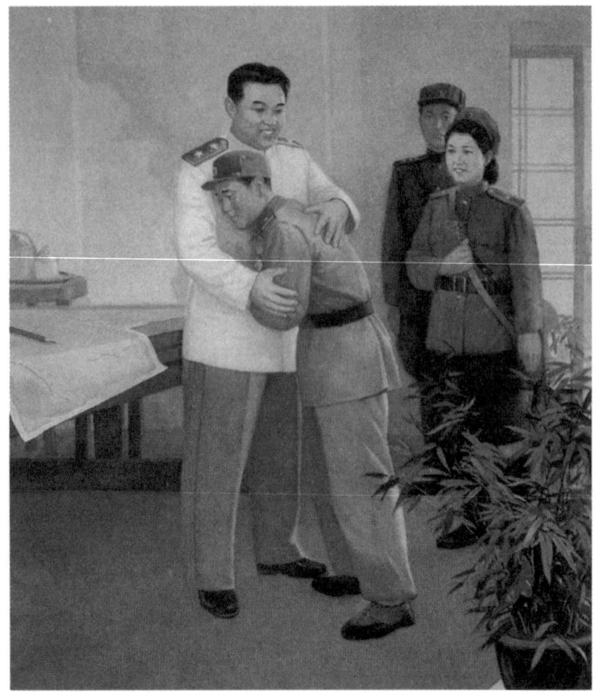

Любим Власть не из-под палки, а по зову сердца

И вспомнилась мне прелестная миниатюра из мемуаров Констана, личного валета Наполеона Бонапарта.

Сюжет этот на первый взгляд несколько фриволен, но на самом деле поучителен и глубоко символичен. Здесь вы найдете сверху — готовность «приносить себя в жертву», а снизу — «безусловное признание превосходства верховной, руководящей власти» и «свободную лояльность гражданина», умеющего любить Власть искренне и «с достоинством» (в кавычках — цитаты из трактата Никиты Сергеевича.). В общем, оба участника сакрального соития Власти с Подданными, как вы увидите, здесь оказались на высоте.

Прекрасная и просвещенная императрица Жозефина озаряла своим присутствием некий театральный спектакль.

И вдруг посреди первого акта, если процитировать Констана, государыня «ощутила весьма настоятельный позыв более легкой из естественных надобностей». Если б ее величество, поддавшись зову природы, покинула ложу, это был бы поступок эгоистичный, недостойный Верховной Власти. Уход Главной Зрительницы привел бы в замешательство актеров и переполошил бы публику, которая, чего доброго, из свободной лояльности еще ошикала бы представление.

Поэтому, продолжая благосклонно улыбаться, императрица со спартанской стойкостью кое-как досидела до антракта и под занавес даже несколько раз содвинула длани. Без спешки вышла она в фойе, и тут — даже августейшие особы имеют предел терпения — поняла, что до туалетной комнаты добраться уже не успеет. Слабеющим голосом она сообщила об этом дамам свиты. Те пришли в ужас. Публика уже выходила из лож. Назревал неслыханный скандал!

Но императрица не растерялась. Она велела дамам обступить ее со всех сторон и расправить широкие юбки, сама же сбросила с плеч на пол кашемировую шаль, и та почтительно впитала августейшие выделения, так что на полу потом едва осталось влажное пятно. Никто из публики ничего не заметил и не заподозрил.

Вот вам Верховная Власть во всем своем блеске: не щадящая живота своего и при этом блестяще выходящая из критической ситуации.

Но не ударили лицом в грязь и подданные. Камергер граф Б. благоговейно спрятал вышеописанную шаль в карман и потом презентовал своей супруге в качестве драгоценной реликвии — к немалой зависти прочих дам, как считает нужным присовокупить г-н Констан.

Никто графа Б. к подобному поступку, естественно, не понуждал. Это был порыв души, спонтанное проявление той самой свободной лояльности. Автор записок и не помышляет потешаться над проворным камергером, в рассказе скорее звучит фамусовское «Ну как, по-вашему? По-нашему, смышлен».

И нам с вами тоже хихикать незачем. Потому что «все то, что подрывает свободную лояльность, должно устраняться

Для свободнолояльного гражданина Верховная Власть всегда благоуханна

из жизни государства и гражданского общества, а все то, что усиливает ее, должно в них утверждаться и культивироваться, — пишет Н. С. Михалков. — Так было в России раньше, так будет в ней и впредь».

Аминь.

Хотя нет, не аминь. Чуть не забыл упомянуть, что свободная лояльность обладает некоторыми особыми характеристиками, о которых Верховная Власть должна помнить.

Похвальное гражданское качество, для которого Никита Сергеевич Михалков нашел столь приятное обозначение, имеет две специфические черты, о которых Верховной Власти забывать нельзя.

Ну, первая-то на поверхности. Свободная лояльность хоть и вполне добровольна, но не вполне бескорыстна. Свободнолояльное лицо непременно ожидает от Верховной Власти благодарности — как в форме материально-вещественной (титул, золотые эполеты, шкатулка с наполеондорами, прибыльные откупы и аренды), так и в форме возвышенно-бестелесной (орден «Почетного легиона», милостивое пощипывание за ухо, право запрягать карету восьмеркой).

Свободная лояльность имеет свои знаки отличия

А вот вторую специфическую черту Верховная Власть в своих расчетах частенько не учитывает. Свободная лояльность — она, как бы это сказать... не навсегда. Когда у ВВ начинаются неприятности и власть перестает быть такой уж верховной, свободнолояльный подданный немедленно чувствует себя свободным от всякой лояльности.

Эту диалектику наглядно продемонстрировал верный Констан, мемуары которого я давеча цитировал.

В 1814 году его кумир всего лишился и стал выглядеть вот так:

Ex-BB: уже не «ваше величество» и даже не «ваше высокопревосходительство», в никем не облизанных сапогах

И лакей сразу взглянул на свои отношения с BB по-иному, пелена спала с его глаз. Король-то голый, понял Констан.

И раздел былого кумира окончательно — испарился из дворца, прихватив личную казну императора.

Еще умнее поступил обладатель незабвенной шали, абсолютный чемпион по свободнолояльности граф Б. (то есть Марк-Антуан де Бомон). Ну, у камергера, правда, и возможностей побольше, чем у камердинера. В 1814 году граф Б. стал одним из первых, кто перебежал от лузера на сторону новой Верховной Власти. Свою свежеобретенную свободную лояльность он продемонстрировал, в частности, тем, что проголосовал за смертную казнь главного бонапартиста маршала Нея, человека тормозного и негибкого.

Совершенно согласен с Н. С. Михалковым: «так было раньше, так будет и впредь».

И вот теперь уже окончательно: аминь.

Из комментариев к посту:

bukvoyeditsa

Я думаю, что Верховная Власть прекрасно всё понимает, поскольку сама из того же теста. Так что у них полная гармония в отношениях.

stankon

Свободная лояльность — что-то вроде устного договора между вышестоящим и нижестоящим. И она, как и любой договор, содержит условия выполнения и расторжения. Ты мне — я тебе.

Сомневаюсь, что Наполеон сильно удивился поведению Констана.

САМЫЙ СТРАШНЫЙ ЗЛОДЕЙ

3.12.2010

Стал я тут искать ответ на вопрос: какой преступник всего страшнее? В смысле, какого пола и возраста.

Страшнее тот убийца, кто застает жертву (и читателя) врасплох. Это должен быть некто, от кого никак не ждешь агрессии.

Понятно, что мужчина в расцвете лет исключается — это самая опасная из разновидностей человека.

Женщины молодого или среднего возраста тоже не годятся, таких персонажей пруд пруди, имя им Миледи, Никитá и агент Черная Мамба.

Неплохой вариант ребенок-убийца, но этот ход тоже уже неоригинален, и к тому же он какой-то несимпатичный.

Старичок-зубами-щелк? Но история человечества и тем более литература очень густо заселены злобными и жестокими старикашками, от колдуна Черномора до доктора Лектера.

Так методом исключения я пришел к выводу, что самый нежданный, а стало быть, самый страшный тип злодея — бабуся божий одуванчик. Не волк, переодевшийся бабушкой, а самая настоящая старушка. Вяжет себе варежку, сверкает очочками, на плите булькает варенье, у ног дремлет кот. «Подойди-ка, — говорит, — внученька, я тебе пряник дам». Внучка подходит, а старуха рраз — и спицей в глаз.

Страшно.

Бабушка-убийца вызывает жуть, потому что вытягивает из подсознания воспоминание о детских страхах, о том времени, когда в жизни маленького ребенка женщины играют куда более важную роль, чем мужчины. Неслучайно в фольклоре для детей столько всяких ведьм и колдуний. Никого я так не бо-

Вот как должна выглядеть идеальная убийца

ялся, как Бабу Ягу Костяную Ногу — никаких Индейцев Джо и Кащеев Бессмертных.

Вот я вам сейчас расскажу про одну бабушку, жившую около двухсот лет назад в лесах на берегу Соммы.

Стало быть, осень 1816 года. Вечер. По тропинке идет добрый и веселый человек, хозяин деревенской гостиницы, насвистывает. Видит старую жалкую нищенку, скрючившуюся от холода. Та просит милостыню, и мужчина достает кошель, ему жалко бедолагу. При виде кошелька бабушка прыгает на прохожего и точным ударом ножа рассекает ему горло.

Это первое убийство, совершенное Прюданс Пезе по прозвищу Волчица. Она наводила ужас на всю округу в течение четырех лет. В одном лишь 1819 году в сантеррских лесах нашли девятнадцать трупов с перерезанным горлом.

У Волчицы было несколько подручных, ее правой рукой был гигантского роста и фантастической силы дебил по имени Фермен Капелье. Шайку прозвали «Сантеррскими поджаривателями», потому что во время ограбления, допытываясь, где в доме спрятаны ценности, преступники жгли своим жертвам ноги раскаленными углями.

В общем, это были довольно обыкновенные ублюдки, которых хватало во все времена. Необычно лишь то, что предво-

Видок в лучшие годы своей карьеры

дительствовала у них глубокая (по меркам той эпохи) 72-летняя старуха, которую они беспрекословно слушались и которая владела ножом, как хирург скальпелем.

В конце концов на борьбу с бандой Волчицы призвали из Парижа великого Видока, самого известного сыщика эпохи. Тот сумел внедриться в шайку, и злодеев взяли прямо на месте очередного преступления.

Наша старушка получила удар штыком в живот, но сумела убежать, держа вывалившиеся внутренности в ладонях. Взяли ее на следующий день, в относительно неплохом состоянии здоровья. Во всяком случае, до суда и эшафота Волчица дожила.

Ее и сообщников казнили публично, на перекрестке двух дорог. Волчица отказалась от священника, а в качестве последнего привета человечеству на глазах у всех справила нужду. Прощальные слова этой классической социопатки были: «Вам достанется моя башка, но не хвост».

И ведьма знала, что говорила. В том же самом уголке Пикардии 37 лет спустя (в год смерти Видока!) снова появилась шайка «поджаривателей», и казнили их на том же самом месте — вот здесь:

Как только я почитал в разных источниках про эту бабушку, сразу понял: она мне пригодится. Вот ужо скоро выпущу ее (ну, не саму Волчицу, а очередной ее «хвост») попугать со страниц книжки маленьких детей...

Перекресток называется «Гильотина»

Из комментариев к посту:

bogdan_mutaev

А ещё они норовят нанести тележкой подлый удар сзади в супермаркетах…

missvoland

А если заменить один персонаж на другой?

Приходит Раскольников к старушке-процентщице, заносит топор, а это Волчица.

tigra1807

Вообще женщины более изощренные и более жестокие преступники. Довелось немного поработать следователем — ужаснулась от того, насколько женщины жестокие бывают. И мотивы у всех разные — мужчинам деньги, власть интересны, а для женщины власть и деньги это на втором плане, первоочередная задача — самовыражение своего рода, кому-то что-то доказать. А уж обиженная мужчиной женщина — это вообще страшно, в таком состоянии на невероятные поступки пойти может.

❦ ЧЕРНЫЙ ЮМОР СУДЬБЫ

8.12.2010

Мой герой Эраст Фандорин однажды говорит (опять сумимасэн за самоцитирование), что по-настоящему страшится только одной вещи на свете: «Боюсь умереть так, чтобы все потешались. Одно это про тебя потом и будут помнить». Он приводит в качестве примера французского президента Фора (1841–1899), обстоятельства смерти которого (скоротечный кондратий в момент греховных удовольствий) полностью заслонили в глазах публики все свершения его жизни.

В словах Эраста Петровича, конечно, есть отзвук тщеславного «комплекса этернизации» — желания импозантно смотреться даже после своей кончины. Казалось бы, велика ли важность, на какой ноте закончилась симфония выдающейся жизни? Но почему-то диссонирующий обрыв струны в финальном аккорде мучительно застревает в памяти. Досадно и горько, если случай ляпнул жирную кляксу в конце биографии большого человека.

Одно время я коллекционировал страшилки этого жанра, пытаясь обнаружить в злых каверзах Смерти какой-то скрытый смысл. Не обнаружил.

Надо сказать, что у романтического красавца Фандорина есть серьезные основания бояться какой-нибудь вампуки под занавес, потому что Рок во все времена очень любил постебаться над картинными супергероями, преодолевшими тысячу опасностей, только чтоб в конце пасть жертвой банановой кожуры под каблуком или получить удар пресловутым кирпичом по кумполу.

Последнее, например, случилось с великим царем Пирром, победителем римлян. Согласно одному из преданий, во время триумфального шествия по родному Эпиру какая-то патриотическая дама в чрезмерной ажитации сшибла с балкончика цветочный горшок, и тот проломил герою увенчанное лаврами чело.

Зачем Пирр снял эту каску?

А на кожуре (правда, апельсиновой) фатальным образом поскользнулся Бобби Лич (1858–1926), специализировавшийся на трюках фантастической смелости. Много раз он обманывал Смерть, выходя сухим из воды — или мокрым и ломаным-переломанным, но живым.

Помню, какое чувство обиды я испытал, когда впервые прочитал о кончине великого астронома Тихо Браге. Про него, бедного, обычно только и вспоминают в связи с обстоятельствами кончины. Ну а я не буду. Тихо Браге — это основатель практической астрономии, он прожил интересную и важную для науки жизнь, а потом умер. И точка.

Как автора детективных романов, меня бесконечно возмущает гаерский цинизм, с которым судьба поглумилась над человеком легендарной храбрости и удачливости, Аланом Пинкертоном (1819–1884) — самым известным в истории сыщиком, первым настоящим профессионалом этого рискованного ремесла.

Вся его жизнь была сплошным приключенческим романом, он постоянно ходил по лезвию бритвы — и благополучно выбирался из любых передряг.

А умер из-за того, что на городской улице поскользнулся и прокусил себе язык — так сильно, что началось заражение. Великий хранитель государственных и приватных секретов всегда умел держать язык за зубами, а тут вот не получилось.

Вот Боб Лич с бочкой, в которой он совершил прыжок
с Ниагарского водопада.
Лучше б под ноги смотрел…

Алан Пинкертон
Серьезный господин. С ним никто не смел шутить шутки. Кроме Судьбы

Я всё понимаю. Слышал и про суету сует, и про «сильные унизятся, гордые будут низложены», но все равно, господа: это не Промысел Божий, а какие-то воландовские шуточки, жестокие и весьма дурного вкуса. Да-с!

Обиженно ухожу, не завершив поста.

Из комментариев к посту:

artischok

А мне совершенно не кажутся эти смерти странными или «воландовскими». В жизни любого человека царит гармоничное равновесие. Это, как раз, в противовес всего жизненного пути, и получается такая маленькая гирька, положенная на чашу весов. Почему мы должны представлять Гармонию обязательно в виде симпатичной девицы?:) Я думаю, она может принимать довольно причудливые формы, что и занятно. Смерть — вещь неизбежная, но не злодейка, просто у неё такая работа. Не будем исключать возможность того, что всем вышеперечисленным господам, попалась Смерть, обладающая определённым чувством юмора:)Аминь!

 galiya

Не поступайте так с Эрастом Петровичем!

ЧЕРНЫЙ ЮМОР СУДЬБЫ (ОКОНЧАНИЕ ПОСТА ОТ 8.12.2010)

9.12.2010

И теперь про себя. То есть про нас.

Героев и титанов, завершивших блистательный полет клоунским приземлением в лужу, конечно, жалко. Но это жалость, так сказать, общечеловеческого сорта. А вот когда подобная участь постигает не людей посторонних, а *своих*, тут уж испытываешь негодование вполне личного характера.

Даже если про розу выдумки, всё равно красиво

Это я, если вы не поняли, о коллегах-литераторах, павших дурацкой смертью. Разумеется, нет ничего особенно умного в том, как умер Рильке (согласно распространенной версии, укололся о шип розы и получил заражение крови), но все-таки для поэта это недурно, даже логично.

А вот великий драматург Теннесси Уильямс (1911–1983) подавился крышкой от бутылочки с глазными каплями, которую привык открывать зубами. С тех пор, как я узнал про это, не могу слышать имени Т. Уильямса, чтоб перед глазами не возникла картина: вот он давится, задыхается в своем гостиничном номере, и никого нет рядом, и в последний миг, наверное, думает: «Что за идиотская развязка!»

Но помнить его надо вот каким!

А замечательный писатель Шервуд Андерсон (1876–1941) во время круиза случайно проглотил не то зубочистку, не то щепку, на которой держалась оливка из коктейля. Заноза застряла в стенке кишечника и вызвала перитонит.

Два слова про Шервуда Андерсона, чтобы вы разделили моё возмущение.

Это был человек, с которым произошло чудо. Я очень люблю эту историю.

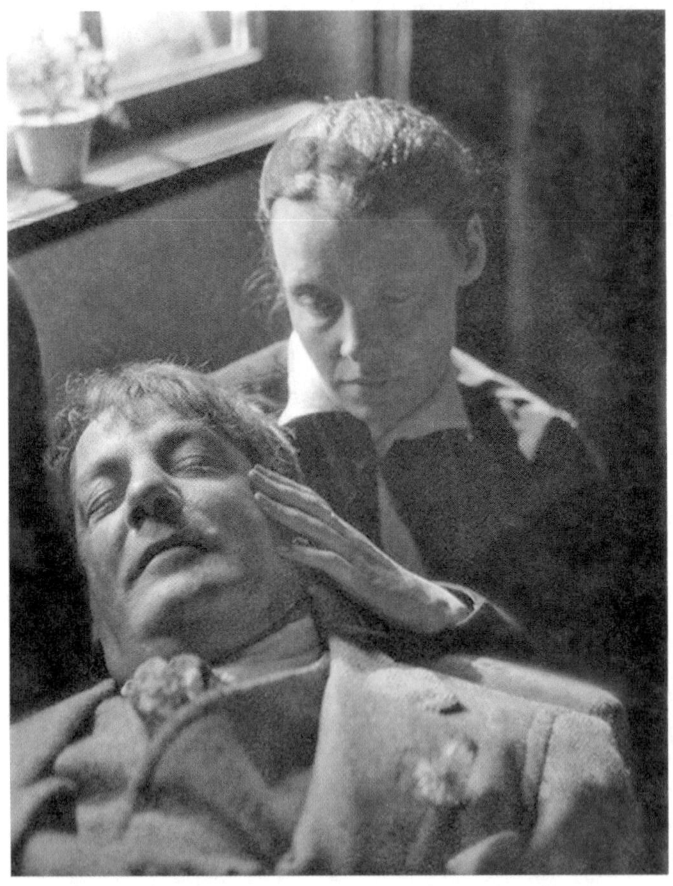

Вот как должны бы умирать писатели, а не от зубочистки в брюхе

Андерсон был преуспевающим бизнесменом у себя в Огайо, но как-то раз тридцати шести лет от роду вдруг ушел из дома, и нашли его только четыре дня спустя бродящим по полям и ничего не помнящим. Он бросил бизнес и семью, уехал в Нью-Йорк, стал писателем. Будто проснулся после долгого сна. Или, наоборот, уснул и видит сон. Или родился заново. Его считали своим учителем Хемингуэй и Сэлинджер, Стейнбек и Фолкнер. Такой ли смерти он заслуживал?! (Сознаю всю глупость вопроса, но настаиваю на нем, причем именно со знаком «?!»)

Из комментариев к посту:

---

ravael

По поводу нелепой смерти литераторов можно добавить кое-что еще.

Самое страшное и нелепое для литератора умереть раньше смерти собственного физического тела. Ты вроде бы что-то пишешь, но уже никому не интересен.

---

dsteve

А вот еще интересный случай нелепой смерти — при просмотре фильма «Рыбка по имени Ванда» умер от смеха известный врач-датчанин Оле Бентсен. Чистейшая правда. Кто хочет — может проверить в Интернете.

ИСТОРИЧЕСКИЕ ПАРАЛЛЕЛИ: ХОДОРКОВСКИЙ

13, 15.12.2010

На этой неделе произойдет событие исторического значения: судья Данилкин начнет зачитывать вердикт на процессе Михаила Ходорковского. В зависимости от этого решения судьба нашей страны повернет или в одну сторону или в совсем-совсем другую.

Обвиняемых, как вы знаете, двое, но я неслучайно говорю: «процесс Ходорковского». Мне кажется, если б не фактор Ходорковского, Платона Лебедева уже выпустили бы. Когда-то Ходорковский пошел за решетку из солидарности с взятым в заложники товарищем, теперь такое же мужество проявляет Лебедев. Веселая дерзость, с которой держится Платон Леонидович, не может не злить прокуроров, но объект Высочайшей Вендетты не он, и второй процесс затеян не из-за него.

Ладно, по поводу процесса я уже неоднократно высказывался, да и блог у меня тематический, поэтому пост будет не про современность, а про исторические параллели. Поскольку у процесса два возможных исхода, параллелей я подобрал тоже две. Обе во многом, иногда почти до невероятности, напоминают драму, которая разворачивается у нас на глазах. Начиная с внешнего сходства и того, и другого исторического персонажа с Ходорковским.

Вот первый из них:

Как вы поняли, речь сегодня пойдет о капитане Дрейфусе, дело которого и у нас, и за рубежом только ленивый не поминал в связи с делом Ходорковского. Поэтому я, можно сказать, ломлюсь в открытую дверь. И все же хочу обратить ваше внимание на удивительную зарифмованность ситуаций.

Правда, похожи?

1. В обоих случаях на первом этапе обвинения важную роль сыграла популистская игра на ненависти общества к богачам. Альфред Дрейфус не был «олигархом», но происходил из весьма состоятельной семьи. В глазах обывателя он был «жирным котом», мучения которого вызывали злорадство.

2. Определенные силы французского общества всячески подчеркивали еврейское происхождение Дрейфуса, что в тогдашней антисемитской Франции придавало этой фигуре дополнительную зловещесть. (У нас, как мы знаем, без этой пакости тоже не обошлось).

3. Обвинение в обоих случаях довольно скоро полностью обанкротилось, но признать свою неправоту для правящей элиты означало потерять лицо, поэтому власть всеми правдами и неправдами, вплоть до лжесвидетельств и укрытия доказательств, старалась добить обвиняемого так, чтоб больше не поднялся.

4. На зеке из Краснокаменска, как в свое время на узнике Чертова острова сошлись силовые линии истории, и сложилось так, что на карту была поставлена не частная судьба, а путь, ко-

торым пойдет целая страна. Как в ней будут приниматься важные решения: кулуарно или с участием общества? Будет в этой стране суд независимой властью или слугой начальства? В каком обществе нам жить — открытого типа или типа закрытого? В «Открытой России» или в «Закрытой России»? Признание своей неправоты — это со стороны государства признак силы или проявление слабости?

5. Второй процесс по делу Дрейфуса проходил примерно после такого же интервала и тоже оказался в центре внимания страны и всего мира.

Стоп. Не совсем так. Вот здесь, в этом пункте, есть явное различие между Францией 1899 года и Россией 2010-го. Мир-то за процессом Ходорковского следит. Пишет пресса, депутаты и сенаторы, правозащитные организации делают заявления, составляют протесты и петиции. Однако наша большая страна позевывает и смотрит в сторону — в телевизор, который про Ходорковского молчит, а всё танцует на льду и потешается над смешными гастарбайтерами.

Во Франции было не так. Там равнодушных не осталось, общество раскололось на дрейфусаров и антидрейфусаров.

У нас же почти две трети населения не интересуются процессом или вовсе о нем не слышали. Люди не видят связи между своей жизнью и исходом суда; им кажется, что их это не касается.

При этом если во время первого процесса среди тех, кто интересовался делом ЮКОСа, преобладали противники Ходорковского («вор должен сидеть в тюрьме», «всех бы их пересажать» и прочее), то сейчас, после семи с половиной лет заключения, настроение переменилось. Цитирую итоги осеннего опроса Левада-Центра: «Число тех, кого убеждают доводы прокуратуры о виновности Ходорковского и Лебедева в ходе процесса в Хамовническом суде в сентябре сократилось до 13 %. В феврале этот показатель составлял 29 % россиян».

Такая же тенденция прослеживалась и во время второго процесса над Дрейфусом. Суд под давлением генералов все равно вынес обвинительный приговор, но президент республики под нажимом мирового и французского общественного

Карикатура того времени: семейный обед до разговора о Дрейфусе и после

мнения помиловал осужденного, который через несколько лет был полностью реабилитирован.

Возможно, то же случится и у нас — если общественная активность наших «дрейфусаров» окажется такой же сильной.

Это я вам привел историческую параллель со счастливым концом. Истина победила, Франция выбрала демократический путь развития. Ну а то, что человек гнил за решеткой столько лет, что дело его жизни (Дрейфус считался высокоперспективным, блестящим офицером) разрушено, что дети выросли без отца — это пустяки и мелочи.

Вторая историческая параллель, о которой я расскажу далее, хэппи-энда не имела. Даже такого.

Речь пойдет о Николя Фуке, маркизе де Бель-Иль, виконте де Мелен и де Во, суперинтенданте финансов Людовика XIV. Большинство из нас помнит его по роману «Десять лет спустя».

Я никогда специально не интересовался этой исторической фигурой и представлял себе канву событий примерно так.

Могущественный финансист, управлявший государственной казной, свалял дурака — желая произвести впечатление

Николя Фуке:
надеть очки, подстричь…

на короля и двор, устроил величественный праздник в своей невообразимо роскошной резиденции замке Во. Ну и впечатлил сильнее, чем намеревался. Праздник удался. Увидев, как сладко живет суперинтендант, в то время как государству ни на что не хватает денег, король отдал вконец распоясавшегося казнокрада под суд, а имущество конфисковал. Я числил эту поучительную историю по разряду: «Скромнее надо быть, или Не буди лихо, пока оно тихо». (Между прочим, в некоторых энциклопедиях эта басня по-прежнему фигурирует вкупе с массой другой ерунды.)

С таким багажом знаний некоторое время назад я отправился посмотреть на легендарный замок Во, который находится всего в 50 километрах от Парижа и сохранился в почти первозданном виде.

И начались сюрпризы.

Парк действительно чудесен — настоящий шедевр садового искусства, а вот замок меня разочаровал: хоть и недурен, но для главного казнокрада Франции что-то маловат. Видал я замки и повеличественней.

Не бог весть что

Извините за качество. Снимал сам

Я не очень понял, где в замке можно было устроить такое уж грандиозное гала-представление. Даже самый большой, парадный салон своими размерами и убранством никак не мог вызвать зависти у обитателя Лувра.

И совсем уж озадачили личные апартаменты алчного нувориша: скромная квартира из трех маленьких комнат: приемная, кабинет, спальня.

Чистенько, но бедненько

Что-то тут явно не состыковывалось.

Уезжал я в задумчивости и пообещал себе, что обязательно почитаю про Николя Фуке поподробнее, разъясню себе эти парадоксы.

Почитал. Разъяснил. Готов поделиться.

Причин падения Николя Фуке было три: козни интригана Кольбера, политическая необходимость найти козла отпущения за «лихие пятидесятые» и желание прибрать к рукам личное состояние суперинтенданта. Высочайшее посещение замка Во, вопреки легенде, никакой роли не сыграло. Оказывается, король бывал здесь и раньше. Кроме того праздник состоялся 17 августа 1661 года, а известно, что вопрос об аресте был решен еще в мае. Несколько месяцев заняла разработка операции захвата, в финале которой бравый капитан Д'Артаньян (тут Дюма не выдумал) с группой спецназовцев-мушкетеров арестовал олигарха, который, впрочем, и не думал сопротивляться или убегать.

Момент ареста в исполнении восковых фигур замка Во

Опять извините за качество

Фуке был обвинен во всех смертных грехах от казнокрадства до подготовки мятежа и оскорбления величества. Казалось, участь опального финансиста предрешена. Суд должен был стать пустой формальностью.

Дальше — чудеса.

Во-первых, выяснилось, что Фуке вовсе не так богат, как грезилось королю и, более того, что он израсходовал на государственные нужды больше, чем собрал доходов. Получается, что, называя суперинтенданта «благородным Фуке», Дюма опять-таки не погрешил против истины.

Во-вторых, никакого чудовищного казнокрадства следствие, как ни пыхтело, не обнаружило.

В-третьих, обвинения в государственной измене оказались шиты белыми нитками. (Хотя их, собственно, никто всерьез и не принимал).

А главное, поверженный министр вместо того, чтоб униженно молить короля о милосердии, держался на суде уверенно и с достоинством, очень грамотно защищаясь.

В результате общество, поначалу аплодировавшее аресту миллионера (кто ж их, буржуев проклятых, любит?), начало относиться к Фуке с сочувствием. На стороне обвиняемого были тогдашние звезды и опинион-мейкеры: Корнель, Мольер, Лафонтен, Николя Пуссен, госпожа Севинье.

Как ни странно, чем-то похоже на зал заседаний Хамовнического суда

Поразительней всего, что даже члены суда, специально подобранные из числа врагов суперинтенданта, заколебались — всем было очевидно, что Фуке невиновен.

Король и Кольбер давили, требовали смертной казни. Однако суд, сервильный и подобострастный суд середины XVII века, осмелился пойти против воли монарха. Тринадцатью голосами против девяти он приговорил Фуке не к эшафоту, а всего лишь к изгнанию. (Это примерно как если бы фигурантов дела ЮКОС приговорили к высылке в Лондон).

Но суд судом, а Вертикаль Вертикалью. Казнить своего врага Людовик не посмел, но и выпустить не выпустил. Решение суда он отменил, а Фуке засадил в темницу и держал там до самой кончины. Непреклонный суперинтендант заживо сгнил в тюрьме. Быстрая смерть на плахе, уверен, была бы милосердней.

Как известно, существует версия, будто Фуке и был загадочной Железной Маской, тем самым несчастным узником, лицо которого почему-то надо было прятать от всех, даже от тюремщиков.

Я очень боюсь, что и у нас закончится вот этим:

Как бы хотелось ошибиться.

Из комментариев к посту:

123 voron

Вы не правы в главном: в деле Дрейфуса фальсифицировались доказательства перед судом, а в деле Ходорковского фальсифицирован сам суд. Данилкин — классический пример судейского чиновника (это легко видно из ступеней его карьеры), он лишен какой-либо самостоятельности в действиях и суждениях. Следовательно, судьей и судом, по существу, он не является. Бессмысленно говорить о доказательствах в деле Ходорковского: их некому оценивать. Отсюда аналогия, приведенная Вами представляется неверной.

pain_suffer

Признаться, я тоже несколько лет назад занимался мини-исследованием — тоже было интересно, не слишком ли отангелился Фуке стараниями Дюма. И тоже в итоге пришел к выводу, что это тот редкий случай, когда личные симпатии Дюма все же не противоречат исторической достоверности. Не, ну понятно что авантюрная интрига с мушкетерами это уже фэнтэзи, но в целом мне кажется — таким Фуке и был.

mosselprom

Надо же, я уже думала как раз об этом. дело в том, что моя любимая мадам де Севинье в своих письмах сообщала об этом процессе — она была на заседаниях в точности как некоторые московские дамы заходили посмотреть Хамовнический суд. Ее описания процесса, попавшиеся мне на глаза этой осенью, поразительно похожи на отчеты в Новой газете.

Некоторые претензии к великому и могучему

20.12.2010

В нашей поддержке и опоре, русском языке, есть некоторое количество инвалидностей, всегда вызывавших во мне раздражение. Поскольку язык, как известно, на вербальном уровне регистрирует ментальность нации, отсутствие в нем некоторых слов кажется мне подозрительным и даже недопустимым. А поскольку я принадлежу к профессии, для которой Слово важнее Дела (вернее, Слово и является Делом), то у меня есть иррациональная надежда, что, если придумать отсутствующие в языке слова, то и сами понятия, ими обозначаемые, немедленно появятся.

Ну вот как, к примеру, объяснить отсутствие у глагола «победить» будущего времени в единственном числе? Я вижу в этой загадочной прорехе 1) признак национального пессимизма 2) неверие в силы одного отдельно взятого человека, причем не кого-то там («он» или «она» запросто «победит») и не коллектива («мы победим», это без вопросов), а неверие лично в себя.

Поэтому предлагаю ввести в употребление слово ПОБЕЖДУ, впечатать его во все словари. И сразу же после этого уяснить, что мне (а не кому-то там) всё под силу, твердо поверить в персональное светлое будущее и немедленно начать побеждать.

Труднее будет с другим отсутствующим словом — courage, Mut, valore, 勇気. По-русски оно отдает чудовищным шовинизмом — «мужество», и как-то само собою ясно, что качество это изначально и сущностно принадлежит бреющейся половине человечества. Во-первых, это оскорбительно для эпилирующей половины человечества; во-вторых, наглая ложь. Помимо того что женщины в критической ситуации проявляют не меньше стойкости, верности и бесстрашия, чем мужчины, есть еще особые разновидности courage, характерные только для женщин. Назову их пока «женское мужество», чтобы вы лишний раз убедились в абсурдности обвиняемого слова.

Пример № 1.

Герцогиня Беррийская

Эта прекрасная собой дама оказалась в центре воспаленного внимания всей Франции 1820 года. Ее мужа, герцога Беррийского, единственного из Бурбонов, по возрасту еще способного иметь потомство, зарезал кинжалом республиканец — именно для того, чтоб Бурбоны остались без потомства, чтоб династия пресеклась и Франция вновь стала республикой.

И вдруг, уже после кончины несчастного производителя выяснилось, что его вдова беременна. Франция будто с ума сошла. Выносит или не выносит? Мальчика или девочку? (По Салическому закону женщина унаследовать престол не могла). Не вранье ли это, придуманное роялистами? Привяжут герцогине подушку, а потом подсунут под видом принца какого-нибудь байстрючонка, с Бурбонов станется!

Этого младенца, созревающего в утробе, заранее обожали и ненавидели слишком многие. Отвратительна история с ночным взрывом, который ненавистники устроили под окнами беременной женщины, чтоб она от испуга выкинула. Не на ту, однако, напали! Герцогиня обманула надежды непрошеных абортационистов, да еще и благодушно попросила их помиловать.

Наконец в положеный срок настал час родов. Представители бонапартистов потребовали, чтобы их делегаты присутствовали при этом событии — примерно, как в наши времена наблюдатели присутствуют на избирательном участке. В том, что герцогиня беременна по-настоящему, уже никто не сомневался, но ребенок мог родиться мертвым или бесполезным (то есть девочкой) и требовалось проследить, чтоб младенца не подменили. Возглавлял наблюдателей маршал Суше.

Роды августейшей особы — мероприятие официальное

В ключевой момент роженица велела ему приблизиться и перерезать пуповину. Герой Иены и Сарагоссы при виде окровавленной плоти и скользкого младенца (крепенького мальчика!) в простительном, сугубо мужском ужасе попятился, а герцогиня на него прикрикнула: «Mais tirez donc, M. le Marechal!» (Да тяните же, господин маршал!).

Вопрос: Назовем ли мы поведение герцогини Беррийской «мужественным»?

Пример № 2.

Императрица Евгения

Я намеренно в качестве примера беру августейших дам столетия, когда женщин было принято считать эфемерными и беспомощными созданиями — «слабым полом».

Вот, стало быть, изящная лилия — супруга Наполеона III (к этой незаурядной даме я давно неравнодушен) ⟶

Сентябрь 1865 года. В Париже начинается эпидемия холеры. Город охвачен паникой, того и гляди вспыхнет бунт.

Императорская чета в это время отдыхала в Биаррице, но немедленно примчалась в столицу. Наполеон начал наводить порядок, учреждать карантины и грозить смутьянам строгими карами — то есть повел себя обычным для мужчины дуболомным образом.

Что сделала Евгения? Посетила все холерные бараки города, пожала руку КАЖДОМУ больному и всего лишь пожелала им выздоровления. Свиту всякий раз оставляла снаружи, чтоб не заразились.

Когда о поведении Евгении узнали парижане, город успокоился, и паника утихла.

На следующий год та же история повторилась в городе Амьене, куда Евгения приехала специально, чтобы снова прикоснуться к каждому из заболевших. Амьенский епископ и маршал Вайян, сопровождавшие императрицу, заявили протест — она не имеет права так собой рисковать. Епископу она ответила: «Вы лучше позаботьтесь о собственном здоровье».

Одна из самых удивительных женщин 19 столетия

Вайяну сказала: «Маршал, вот так ведут себя под неприятельским огнем женщины».

Простим терминологическую некорректность мужской шовинистической свинье Бисмарку, который в 1870 году назвал императрицу Евгению «единственным мужчиной в Париже». Мы ведь поняли, что он хотел этим сказать.

Однако мы, в отличие от Бисмарка, живем в эпоху, когда женщин уже не считают слабым или второстепенным полом. Как же нам быть с одним из самых привлекательных человеческих качеств?

Давайте придумаем правильное слово или найдем такой перевод для courage, чтоб был без гендерного жуханья. Думайте, предлагайте.

~~МУЖЕСТВО~~ ~~МУЖЕСТВЕННЫЙ~~

ЧТО ВЗАМЕН?

Из комментариев к посту:

---

artem_slavin

Не вижу ничего плохого в применении слова «мужественный» или «мужество». Некоторые Слова нельзя на мой взгляд распотрошить на составляющие — они представляют из себя символы, образы.

А одним из самых близких символов к нашему на мой взгляд является — «волевой» и «воля».

А вообще вокруг пока еще мужской мир. Гендер не сменился. Приведенные примеры, как раз те самые пресловутые подтверждающие исключения из правил. dixi

---

nazar1937

Победю... Побежду... Где-то прочитал, что один из военачальников Петра I как-то перед очередным сражением сказал: «Сегодня я словлю викторию за хвост!» Даже если это исторический анекдот, то как звучит! К сожалению, мы разучились красиво излагать свои помыслы.

---

nelgo

Я консерватор в том, что касается русского языка. Нужно оставить все как есть. Про роды скажу каламбурчик, о том что каждая женщина, родившая ребенка, — мужественна. Про Евгению добавила бы, что она «чумовая тетка», хотя речь о холере))

Про «побеждумужество»: итоги дискуссии

22.12.2010

Послушав разные мнения, прихожу к следующему выводу (никому его не навязывая, а лично для себя).

От замены слову «мужество» чем-то менее обидным для половины человечества скрепя сердце отказываюсь.

Вероятно, права bettybarklay: «... в память и в благодарность всем, кто был до нас, пусть мужество будет мужеством, а женственность — женственностью. Не нужно лишать „бреющуюся“ половину человечества присущих ей слов, а то иссякнут качества... Убирая гендерное, мы расшатываем основу бытия». Расшатывать основы бытия я не готов.

А вот за глагольную форму «побежду» еще, пожалуй, поборюсь. Посмотрите, что добыл Юрий Петров, участник обсуждения с сайта «Сноб».

Побѣдить, побѣжду́ (какъ освѣтить, освѣщу́), побѣдить.

И из «Русского правописания» академика Грота (1902 г.)

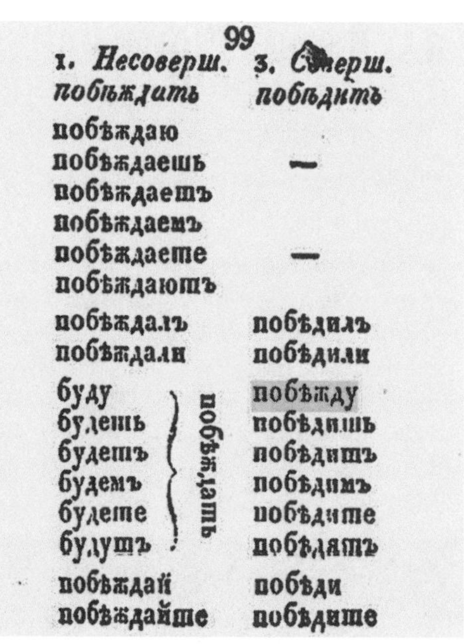

99

1. *Несоверш.*		3. *Соверш.*
побѣждать		*побѣдить*
побѣждаю		
побѣждаешь		—
побѣждаетъ		
побѣждаемъ		
побѣждаете		—
побѣждаютъ		
побѣждалъ		побѣдилъ
побѣждали		побѣдили
буду	побѣждать	побѣжду
будешь		побѣдишь
будетъ		побѣдитъ
будемъ		побѣдимъ
будете		побѣдите
будутъ		побѣдятъ
побѣждай		побѣди
побѣждайте		побѣдите

Из «Пространной русской грамматики» Греча (1830 г.)

ПАРИЖ НЕ СТОИТ ОБЕДНИ, ИЛИ ПЕРЕЛЬМАН БЫЛЫХ ВРЕМЕН

24.12.2010

Коли уж в посте о «женском мужестве» речь зашла о родах герцогини Беррийской, да и в комментах поминали судьбу ребенка, появившегося на свет в тот день, хочу рассказать, как я отношусь к этому удивительному персонажу.

Lifestory графа Шамбора невероятно интриговала современников, однако сегодня ее вспоминают нечасто — мало кого интересует Несбывшееся и тупиковые ответвления истории.

BERCEAU

Donné par les Dames de Bordeaux, et où fut placé, dès sa naissance, l'enfant miraculeux de Henri-Dieudonné, DUC DE BORDEAUX, né le 29 Septembre 1820.

COUPLETS

FIN.

«Дитя Чуда»: народ ликует и сочиняет умильные куплеты

Эволюция: Маленький Принц — Принц-Шарман — Упертый Отморозок

Когда у Бурбонов, казалось бы, обреченных на вымирание, вдруг появился наследник, в рождении младенца усмотрели Перст Божий. Ребенка так и назвали — Henri Dieudonné, то есть «Богоданный Генрих». Ему достался титул герцога Бордоского, но в зрелом возрасте он предпочитал называться графом де Шамбором, по названию одного из замков, находившихся в фамильном владении династии. Под этим именем наш герой был известен всю свою жизнь, хотя до самой смерти роялисты упорно называли его Генрихом Пятым.

С 1830 года, когда французы окончательно свергли «ничего не забывших и ничему не научившихся» Бурбонов, десятилетний Генрих-Богдан все время находился в эмиграции и получил право ступить на родную землю лишь сорок с лишним лет спустя.

Если его рождение будто взято из сказки Перро, то жизнь изгнанного монарха на чужбине скорее напоминает грустный и чувствительный роман — «Человек, который смеется» или «Большие надежды».

Богоданный принц, веривший в свою волшебную звезду, вырос и стал несгибаемым рыцарем монархической идеи, которой подчинил всю свою жизнь. Он даже женился не из любви, а из принципа: взял в жены дочь единственного монарха (герцога Моденского), кто отказался признать королем «узурпатора» Луи-Филиппа. Правда, невеста была нехороша собой, глуха и неспособна к деторождению, но это всё были второстепенности. Одним из первых своих декретов нецарствующий монарх объявил: «Сим провозглашаю, что никогда не откажусь от прав, коими, согласно французским законам, я обладаю по праву рождения».

Современникам, воспитанным на романах Дюма и Гюго, непреклонный принц чрезвычайно импонировал. У большинства было убеждение, что эта красивая история рано или поздно завершится успокоительным, заранее известным финалом: «Дитя Чуда» преодолеет все испытания. Награда, то есть корона, найдет героя.

К тому мало-помалу и шло.

Во Франции середины столетия конкурировали четыре основные политические силы: легитимисты (те, кто за Шамбора), орлеанисты (сторонники конституционной монархии Луи-Филиппа), бонапартисты и республиканцы. Все три враждебные Шамбору фракции получили — и провалили свой исторический шанс: сначала Луи-Филипп Орлеанский, потом Наполеон III, потом республика.

И вот — скоро сказка сказывается, нескоро дело делается — на шестом десятке Шамбор оказался победителем. Орлеанисты ему подчинились, бонапартисты покрыли себя позором Седана, республиканцы залили Париж кровью и перепугались народовластия. Большинство французов желало отдаться под власть благородного и рыцарственного эмигранта, да и вообще после ужасов войны и Коммуны все соскучились по пышности и праздничности монархического образа правления.

В 1873 году парламент стал вести с Генрихом Пятым переговоры о возвращении страны под скипетр Бурбонов. Вопрос был решен. Главный камень преткновения — конституционность — у Шамбора возражений не вызвал: коли такова воля народа, он не против. (Всеобщий вздох облегчения.)

Вот уже изготовлены парадные кареты, на которых триумфатор торжественно въедет в ликующий Париж.

Это одна из них

А потом дело рассыпалось — из-за сущего пустяка. Французы успели полюбить свой трехцветный флаг, покрытый славой революционных и наполеоновских побед. Однако Шамбор заявил, что знаменем страны могут быть только белые лилии, иначе он короноваться отказывается. Депутаты долго не могли поверить, что это заявлено всерьез. Потом, кряхтя и чертыхаясь, предложили компромисс: гибрид двух флагов.

Компромиссный флаг с сайта современных легитимистов

«Полно ребячиться, государь! Ступайте царствовать!» — взвыла вся Европа, истомившаяся в ожидании гарантированного хэппи-энда.

Но Шамбор, этот Григорий Перельман девятнадцатого века, твердо сказал: нет, он останется верен духу основателя династии Генриха Четвертого, который некогда покрыл белое знамя неувядаемой славой. Под восторженное блеяние романтических барышень и недоверчивое «ах!» всего остального общества монархический проект рассыпался. Франция осталась республикой, а ведь по всему должна была бы дойти до наших времен королевством британского образца.

Честно говоря, не знаешь, как относиться к упрямству графа Шамбора. Что это было — пример истинной принципиальности или чудовищная тупость? Уж во всяком случае не верность духу Генриха Наваррского, который, как известно, был веселым циником, ради короны запросто переменил веру, а из-за какой-то тряпки и вовсе «заморачиваться» бы не стал.

Лично мне как сочинителю эта история греет душу неожиданной развязкой, кукишем вместо обещанной и вроде бы неизбежной рифмы «розы».

Из комментариев к посту:

---

fdorin

Наверно, граф по-другому и не мог. Был последователен во всём, в поступках, решениях. Нам, в век соглашательства и конформизма, сложно его понять, ведь многие из нас исходят из принципа: цель оправдывает средства. И что забавно: и тогда и сейчас найдутся люди, которые поступают и поступят так же, как Генрих Пятый.

---

kinif

Возможно, оно и к лучшему, что такой… упертый, скажем политкорректно, человек не оказался у руля. Если уж он так по поводу флага уперся, то что мог натворить сей правитель в более серьезных ситуациях.

---

lord_logrus

Ну и правильно сделал, что не стал короноваться. Ведь по сути народ не собирался принимать монарха как правителя. А раз на начальном этапе его воля уже оспаривалась, то совершенно очевидно и в дальнейшем его никто бы в грош не ставил.

ОТ ТОЛСТЫХ К ТОНКИМ

3.01.2011

Хочется начать год с чего-нибудь по-кроличьи мягкого и пушистого. Например, с рассуждения о женской красоте.

Вот несколько самых легендарных красавиц европейской истории. Смотрим, любуемся.

Диана де Пуатье, повелительница сердца Генриха II

Королева Марго, из-за которой в буквальном смысле потерял голову прекрасный де ля Моль

Мадам де Ментенон, подруга Короля-Солнце

Екатерина Первая — безродная полонянка, женившая на себе Петра Великого

Несравненная мадам де Помпадур

Красота этих лиц, потрясавшая современников и покорявшая сердца альфа-самцов, нам сегодня кажется сомнительной, верно? Екатерина Скваронская, на мой вкус, просто страшилище. Ну, мадам де Ментенон еще туда-сюда, однако ей бы в фитнес походить, на диете посидеть.

В том-то и штука. При всех различиях во внешности ослепительные красавицы былых времен имеют одну общую (и обязательную) тактико-техническую характеристику: они толстые или, по меньшей мере, полные.

До 19 века худая женщина по определению не могла считаться красивой, это был бы оксюморон. Само слово «добрый» означало «толстый» («раздобрел» — то есть «стал лучше»), а «худой» было синонимом слова «плохой». Так повелось, вероятно, еще с первобытных времен, когда еды постоянно не хватало и корпулентная подруга жизни на худой (again!) конец могла пригодиться в качестве продукта питания. Менее кровожадная версия предполагает, что с толстой женой\любовницей в плохоотапливаемых средневековых опочивальнях теплее спалось. Ну и репродуктивная функция, особенно важная для родовитых особ, которые и определяли вкусы, конечно, выглядит более перспективной при наличии широких бедер и мощного бюста. Остальные части тела значения не имели, и кривые ноги никак не могли понизить рейтинг чаровницы из-за недоступности взорам. У испанских королев, как известно, ног вообще не было.

Я однажды призадумался, а где и когда, собственно, (и с кого) утвердился современный канон женской красоты? С каких пор пухляшки и толстушки перестали считаться королевами красоты, вытесненные худышками и замухрышками?

Вот результат моих скромных и доморощенных изысканий (если ошибаюсь, пусть специалисты меня поправят).

Место баталии, где Полнота была разгромлена Худобой, — город Париж.

Момент исторического перелома — пятидесятые и шестидесятые годы XIX века.

Виновник: императрица Евгения, супруга Наполеона III.

Эта дама, о которой я уже писал, вообще оказала огромное, определяющее влияние на наши нынешние представления

Императрица Евгения (1826–1920), родоначальница современной моды

о красивом в самых различных сферах. Мы и сегодня, сами того не понимая, во многом продолжаем следовать эстетическим пристрастиям «Испанки» (как ее неприязненно называли подданные).

Главное историческое достижение Евгении состоит в том, что она вернула Парижу после многолетнего прозябания статус столицы мира. Париж, каким мы его знаем сегодня: бульвары, османовские дома, фасады Лувра, опера Гарнье — в значительной степени сформировал современные критерии «шика» и гламура, а все эти несколько кичеватые нарядности были отражением вкусов женщины, которую в девичестве звали Эухения Монтихо и которая в течение недолгих 17 лет была императрицей французов.

Парижу и прежде случалось занимать вакансию центра мировой моды — во времена Жозефины, или мадам де Помпадур, или мадам де Ментенон, — но в середине XIX века благодаря дамским журналам, телеграфу, всемирным выставкам, пароходам и железным дорогам скорость путешествий и распространения культурной информации многократно возросла. В Петербурге и в Нью-Йорке модницы чуть ли не назавтра узнавали о том, как на последнем балу была одета императрица Евгения, как изменились при ее дворе прически, нужно ли носить кринолин или пора с презрением от него отказываться, да какого объема надлежит быть турнюрам.

А поскольку Евгения по природной конституции была сухощава и, как женщина умная, руководствовалась принципом «делай из дефектов эффекты», она намеренно подчеркивала нарядами свое экзотическое телосложение, да еще окружила себя целым цветником придворных дам той же комплекции.

Сегодня мы сказали бы, что эти девушки относятся к категории среднеупитанных, но в те времена эта знаменитая картина Винтерхалтера, вероятно, производила впечатление парада скелетов:

Недокормленные красавицы

С этой точки зрения любопытным памятником меняющихся взглядов на женскую красоту является роман «Анна Каренина», в котором Лев Николаевич, противник всяческих вредных модничаний, противопоставляет настоящую, естественную красавицу Анну (на ее полноту автор постоянно обращает наше внимание) изломанной и насквозь европеизированной Бетси Тверской с «ее длинным белым лицом» (см. вышеприведенный портрет) и неприятной сухопаростью. Но это уже плач по уходящему канону красоты. Отныне в западном мире будет царствовать противоестественая красота княгини Тверской.

Мужчин, как обычно, никто особенно не спрашивал. Большинство из них еще долгое время по-прежнему втайне предпочитали полненьких, но признаваться в этом вслух уже не осмеливались. Стандартный секс-компромисс самца из верхних слоев общества в конце 19 и начале 20 века выглядел так: дома — модно тонкая одухотворенная жена, а в борделе, где можно не прикидываться, — грудастая и задастая Зизи.

Потом, с появлением кинематографа, по толстушкам был нанесен окончательный удар. Голливуд завершил промывание мужских мозгов, и мужчины смирились с тем, что тонкое желаннее толстого.

Красота по-японски

5.01.2011

Будучи япономаном по образованию и складу души, не могу оставить без внимания японские каноны красоты. Понятно, что в дальнеисторические времена они сильно отличались от европейских. Например, вот как надлежало выглядеть классической красотке изысканной эпохи Хэйан (IX–XII вв.).

Хороша, чертовка!

Щеки должны быть круглы, как яблоки, ротик бантиком, глаза узенькие-преузенькие и тонкий носик. Особое значение придавалось белизне кожи, но эта проблема, как мы понимаем, легко решаема: толстый слой рисовой пудры, и никакой цикламен не превзойдет белизной лик красавицы.

Здесь, однако, возникала новая сложность. По контрасту с кожей цвета первого снега сильно проигрывали зубы. Даже безупречно здоровые, без налета, они отдавали желтизной, и с этим дантисты-отбеливатели тысячелетней давности ничего поделать не могли. Поэтому тема зубов была закрыта с решительностью, достойной Малевича. Безвестный придворный стилист придумал красить зубы черным лаком — получалось эффектно и контрастно. Модным и изысканным считалось иметь на лице выражение скорбного изумления перед несовершенством мира и непостоянством кавалеров, поэтому брови у красавиц выбривались, а вместо них высоко на лбу сажей прорисовывались две косые черты.

Черноснежная улыбка

Правильные брови

Фигура, окутанная милосердным покровом кимоно, в расчет вообще не бралась. Из красот интимного свойства важное значение имела лишь чистота кожи. Так что никаких «на щечке родинка, полумесяцем бровь»! В эпоху Эдо специальные знатоки женской красоты выискивали по стране девочек без единой родинки на теле и покупали их, чтобы перепродать за бешеные деньги в наложницы владетельному даймё или богатому самураю. Если девица кривобока, косопуза или рахитична, пережить можно. Главное, чтоб без родинок.

А в Европе в ту же самую эпоху дамы нарочно наклеивали мушки, имитировавшие родинки, находя это украшение изысканным. (Началась эта мода с герцогини Ньюкасл, которая маскировала таким образом прыщики). Существовал даже особый «язык мушек», при помощи которого дамы посылали мессидж окружающему миру или отдельным его представителям.

Такую, с позволения сказать, красотку в Японии периода Эдо, даже в «чайный дом» третьего ранга не приняли бы

Впервые о том, насколько различны и относительны представления о женской красоте, я задумался, когда студентом попал в Японию. Классический тип японки казался мне очень привлекательным, однако через некоторое время я обнаружил, что те девушки, которые кажутся мне красавицами, вовсе не слывут хорошенькими у моих туземных приятелей. И наоборот. В моих отягощенных европейскими предрассудками глазах автоматически утрачивала привлекательность девица с кривыми зубами или ногами «баранкой», а и первых, и вторых там было невероятное изобилие, причем первые не робели сиять широкими улыбками, а вторые — носить миниюбки. Оказалось, что два эти ужасных с русской точки зрения дефекта, равно как и весьма распространенная в Японии лопоухость, тамошней девице-красавице совершенно не в укор.

Скажите, френды и читатели, а у каких еще народов представления о женской красоте существенно отличаются от голливудских?

Из комментариев к посту:

---

cartesius

А может спальни стали лучше отапливать?

Полных женщин все еще полным-полно (особенно в нынешней властительнице грез — Америке), но любителей на них все же маловато. Не думаю, что Голливуд может заставить поменяться мужскую природу.

Скорее мода на худеньких появилась в связи с обнаженкой, когда стали видны кривые ноги и отвислое брюхо рубенсовских «красоток».

Да и взгляните на женщин Чинквеченто, например Венер Джорджоне и Боттичелли. Они соответстуют абсолютно современным идеалам красоты. Может потому что в солнечной Италии одежды всегда были не столь тяжеловесны, соответственно и женская красота могла быть оценена в полной мере.

---

veronika_myself

Решающую роль в выборе мужчины все равно играет не полнота или худоба (если речь не идет о патологических случаях, конечно). Мне кажется, геометрическими параметрами фигуры мужчины начинают прикрываться, когда им нужно уже рационально обосновать свое решение уйти (или остаться). А в момент первозданного выбора главенствующую роль играет другое, а именно — блеск женских глаз, оптимизм и уверенность ее улыбки, а пуще всего — самая примитивная, но не осознаваемая нами химическая реакция. Очертания фигуры тоже присутствуют в портрете первого впечатления, но не затмевают всего перечисленного выше.

---

dushman99

Когда-то читал, что майя или ацтеки ради красоты искривляли девушкам череп, с помощью специальной колодки и делали косоглазие, подвешивая рядом с глазом какой-то брелок, чтоб девушка непроизвольно скашивала глаза. Вот вам и канон, яйцеголовая и косоглазая:).

А вообще, вот заговорили и подумал, ведь Европа и Новый Свет в вопросах женской красоты довольно активно меняет свою точку зрения, особенно последние лет 200, а Азия и Африка фактически нет. Почему?

---

olesya_smesnyh

Когда после вторых родов я преодолела 50-й размер одежды, я (наконец-то!) услышала заветное: «Стала така гарна»:)

ЧИТАЯ ШПЕЕРА

10.01.2011

Читал я тут воспоминания Альберта Шпеера (1905–1981), который был сначала любимым архитектором фюрера (чертовски талантливым), а потом сменил профессию и стал министром вооружений (весьма эффективным).

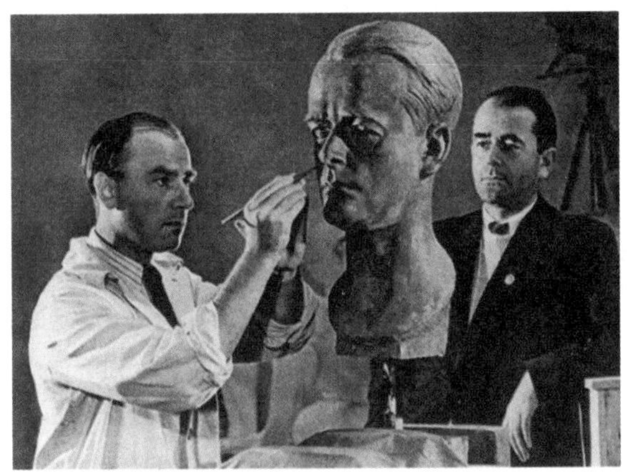

Шпеер (справа) готовится к долгой славе. Еще не знает, что Рейх окажется не тысячелетним

Мемуары эти широко известны. Чаще всего у нас цитируют пересказ разговора с Гитлером о Сталине. Шпеер пишет, что Адольф отзывался об Иосифе с большим уважением, видел в нем родственную душу и поэтому приказал хорошо обращаться с плененным Яковом Джугашвили. Беседа происходит в разгар ожесточенных сражений на Восточном фронте, и вдруг фюрер роняет, что подумывает после победы оставить

Сталина правителем, потому что этот человек отлично умеет управляться с русскими.

Пассаж, конечно, яркий, что и говорить. Заставляет призадуматься. Но меня в книге золотого мальчика, первого ученика по всем предметам, больше всего поразила не видовая солидарность монстров, а сам Шпеер. Точнее, невероятная трепетность его чувствований по отношению к Гитлеру. Главный нерв книги — переживания из-за того, что кумир то погладит по шерстке и почешет за ухом, то вдруг стукнет тапком по носу.

Хотя нет, это не собачья, а скорее очень женственная, даже девичья привязанность.

В этой связи я стал думать, что всякая диктаторская власть признает наличие лишь одного самца-оплодотворителя. Поэтому в свите властителя могут выжить и уцелеть лишь те соратники, кто ведет себя немужским образом. Вертикаль власти возможна (и вообще заметна), лишь когда она окружена сплошными горизонталями. Всякое проявление маскулинного поведения губительно для карьеры, а иногда и для жизни. Приветствуется и вознаграждается добровольная самокастрация. Неслучайно в историческом Китае, где существовал самый древний, испытанный временем институт централизованной власти, карьеру при дворе могли сделать только евнухи.

Вот как должен выглядеть юноша, имеющий хорошие шансы на служебный рост при тоталитарной системе правления:

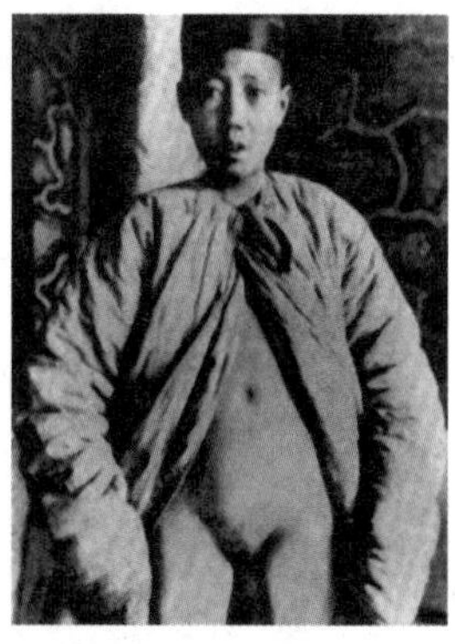

Юный евнух демонстрирует свою безопасность для Вертикали

А теперь посмотрите, как выглядят первые лица Третьего Рейха — прямо какое-то шоу транссексуалов (прошу прощения у подлинных транссексуалов).

Феминно-истероидный Геббельс:

Самый страшный человек государства Гиммлер (по виду абсолютная гражданка Парамонова):

Склочница и интриганка Борман:

Даже бравый ас Первой мировой Геринг, мимикрируя вслед за изменением климата, с годами превратился в жирную расфуфыренную бабу:

В мужском шовинизме тоже прошу меня не обвинять. Просто мне больше нравится, когда мужчины ведут себя по-мужски, а женщины по-женски; и мужчины женского склада, равно как и женщины мужского склада, мне как-то, скажем, не близки.

Особенно, если они занимают ключевые посты в государстве.

В следующем посте будем любоваться окружением Сталина, нашего отечественного Супер-Самца, в одиночку оплодотворявшего всё стадо на протяжении трех десятилетий.

НАШИ – КРАШЕ (ОКОНЧАНИЕ ПОСТА ОТ 10.01.2011)

12.01.2011

В еще большей степени закон добровольно-принудительной евнухоидности распространялся на позднесталинское окружение. Из-за того, что Родной и Великий просидел в диктаторском кресле много дольше Гитлера, он лучше преуспел в своей кастраторской миссии и ушел гораздо дальше.

Вначале в окружении набирающего силу диктатора преобладали победители гражданской войны с твердокаменно-мужественными лицами:

Красные маршалы: такие, пожалуй, на операцию не согласятся...

Как известно, не все мужские особи способны пережить кастрацию. И те, в ком оказалось слишком много тестостерона (не в физиологическом, а в поведенческом смысле), были отправлены на бойню. Именно в этом и состоял смысл Большого Террора: борьба за единоличную власть в стаде и есть устранение потенциальных помех статусу альфа-самца.

На смену генерации железных революционеров пришли новые вице-вожди, старательно изображавшие меринов, волов и боровов с не вызывающей сомнений пухлой внешностью и характерно несамцовской жировой прослойкой:

Это всё были какие-то пельмени в широченных брюках, рукоплещущий хор евнухов. Только не надо рассказывать про то, каким племенным жеребцом был Лаврентий Палыч — мужчину делает мужчиной не активность половой функции, а совсем иные качества. И на портретах сталинских приближенных меня отвращает не толщина щек, а намеренно демонстрируемая «бабистая функция»: вот, мол, какие мы мягкие подушки, совершенно не претендующие на регенератив. Из истории мы знаем, что самцовско-бойцовские качества в них немедленно проснутся после того, как освободится вакансия вожака; тот же комичный плясун Никита Сергеевич скоро перестанет прикидываться тюфяком и всем покажет известно что:

Весь сталинский так называемый большой стиль, несмотря на фаллоимитаторы московских высоток и главный неосуществленный дилдострой Дворца Советов, это сплошная оргия кастратов: все эти гособвинители с жидкими голосами, певцы с тенорками-козлетончиками и кинокумиры без мужского гормона.

Это секс-символ предвоенной эпохи — большевик Максим:

А это главный мачо позднего сталинизма, с высоконьким голоском:

Сменится эпоха, в обществе восстановится гормональный баланс, и тот же Кадочников сможет себе позволить мужественный облик, даже, кажется, заговорит на октаву ниже.

Мужчина, да еще какой:

Исключением был Марк Бернес, ну так за это ему и досталось женское обожание сверх всякой меры — за один только мужественный, пускай скромного масштаба голос, а что касается официальных регалий, то при всенародной популярности он даже на самую первую ступеньку актерского почета — засл. арт. РФ — при Сталине так и не вскарабкался.

Впрочем, популярность Бернеса — это уже военная пора, когда тотальная мода на евнухоидов временно отступила, потому что с кастратами много не навоюешь. Лица тех, кого вытянул наверх естественный отбор войны, поразительным образом восстанавливают стандарт нескрываемой, даже прононсированной мужественности. Страну к победе привели люди вот какого типа:

Жуков: после войны ошельмован и снят с должности

Рокоссовский: чудом остался жив во время террора; после войны от греха сплавлен в Польшу

Кузнецов, истинный руководитель ленинградской обороны: после войны расстрелян

Черняховский: если б не погиб,
с такой внешностью не сносить бы ему головы

Из комментариев к посту:

pogodda

Я тоже об этом задумывалась, правда немного в иных обстоятельствах: в своё время мне приходилось много общаться с чиновниками. Я наблюдала, как в определённых структурах мужчины с явно выраженной маскулинностью долго не задерживались. Долго и прочно заседали именно женоподобные, с вялым, влажным рукопожатием, некоторые даже умели как-то приторно кокетничать… бррр

indefin

Настоящий мужчина не может быть озабочен своей и чужой «мужественностью», так же как настоящая женщина — своей и чужой «женственностью». Для них это не больной вопрос. У тех, для кого этот вопрос актуален, всегда проявляется стремление возвыситься, унизив другого. Это только в среде уголовников главный самец тот, кто опустит всех остальных. Все персонажи поста оттуда. Безусловно, в жизни встречаются иногда другие. Великодушные мужчины, которые могут прощать, а не только мстить. Женщины, способные трезво и последовательно размышлять. И в жизни всё так взаимозависимо. И самая трудная и обязывающая позиция, когда ты — доминируешь. Пока доминируешь!

---

push_kareff

Теория интересная, но не более того.

По моим жизненным наблюдениям брутальная внешность/наличие тестостерона — это ОЧЕНЬ ЧАСТО ловушка. Нестор Махно был антибрутальный: говорил журчащим тенорком, похож на подростка, но редкой силы личности, авторитета и бесстрашия.

Очень уж часто «большой шкаф громко падает».

Среди уголовных авторитетов я видел многих небрутальных... и среди уголовной шушеры очень много тестостеронистой слякоти.

---

irdis

Спасибо, теперь буду знать, как себя вести, если вдруг попадешь во власть. Поженственней, с Главным во всем соглашаться и поддерживать. Тогда на должности и хорошем окладе долго просидишь...:)

ПОСЛЕДНИЙ ВЕК ДУЭЛИ

17.01.2011

В подростковом возрасте меня, как многих мальчишек, завораживала тема дуэли. Полагаю, из-за контраста между красивым, ритуализированным душегубством, описанным у Дюма или Лермонтова, и безобразно хаотичным мордобоем, когда на тебя, очкарика, налетают гурьбой кузьминские гвардейцы кардинала и молотят безо всякого политеса, притом вовсе не из-за жемчужных подвесок или батистового платочка, а из-за отказа дать двадцать копеек. Нет бы им подойти, сказать: «Шевалье, мне не нравится цвет вашего берета». Я бы ответил что-нибудь сдержанно мужественное. И завязался бы бой, после которого сраженный пожимает руку победителю, и ничье достоинство не страдает. Но мне было ясно, что времена дуэлей, увы, остались в далеком-предалеком прошлом.

Позднее я компенсировал эту досадность в своих романах. У меня там куча сцен, в которых персонажи дерутся на поединке: палят из пистолетов, фехтуют шпагами и саблями, стреляются на брудершафт, пьют залпом по жребию царскую водку и прочее подобное.

Однажды я заинтересовался: а когда, собственно, этот варварски-романтический обряд окончательно вышел из употребления? Я полагал, что он почил вместе с девятнадцатым веком (который, как известно, на самом деле закончился в 1914 году), но выяснилось, что это не совсем так. Угасание института дуэли происходило долго и растянулось на десятилетия.

Мировая война не только радикально сократила агрессивную мужскую популяцию планеты, но и лишила дуэль прежнего драматизма. Падешь ли ты, стрелой пронзенный, иль мимо

Одна из рапир отравлена

(«Весь мир театр». Художник И. Сакуров)

пролетит она — эка важность, после миллионов и миллионов смертей.

Однако в двадцатые и тридцатые годы время от времени дуэли всё же случались. Это было довольно колоритное смешение атрибутики разных эпох. Несколько таких дуэлей описано в отличном исследовании Ричарда Хоптона «Пистолеты на рассвете».

В 1926 году на парижском велодроме сошлись в фехтовальном поединке председатель правления нефтяного концерна и журналист. Сразу представляешь, как, допустим, г-н Богданчиков рубится на шпагах, допустим, с Алексеем Венедиктовым. Венедиктов пропорол Богданчикову руку.

В 1934 году дрался на дуэли депутат французского парламента Эсси, и опять с журналистом. Было предусмотрено четыре выстрела с 25 шагов, то есть условия вполне серьезные, но никто не попал. Зато эту канонаду засняла кинокамера.

В мае 1938 года руководитель «Комеди Франсез» Эдуар Бурде и драматург Анри Бернштейн встретились у барьера вследствие художественного конфликта: не сошлись во взглядах на постановку пьесы. (Отлично понимаю автора!). За ристалищем наблюдали журналисты и публика, на улицах образовалась транспортная пробка. Драматург победил (yess!), проткнув гаду-постановщику плечо.

В Германии между войнами продолжала процветать буршеская традиция «мензуров», студенческих поединков на саблях. Считалось, что шрам на физиономии — отличное украшение для молодца. Вплоть до начала войны в армии и в СС дуэли даже поощрялись как триумф воли и акт арийского мужества.

Бывшие бурши со следами студенческой лихости:

Эрнст Кальтенбруннер

Отто Скорцени

В пассионарной Латинской Америке мода на дуэли в этот период даже достигла апогея.

Так в 1930 году из-за дамы застрелили друг друга в ковбойском поединке экс-президент Парагвая и его обидчик.

Уругвайский президент Ордонез убил на дуэли депутата парламента, а другой президент той же страны Брум дрался с редактором оппозиционной газеты.

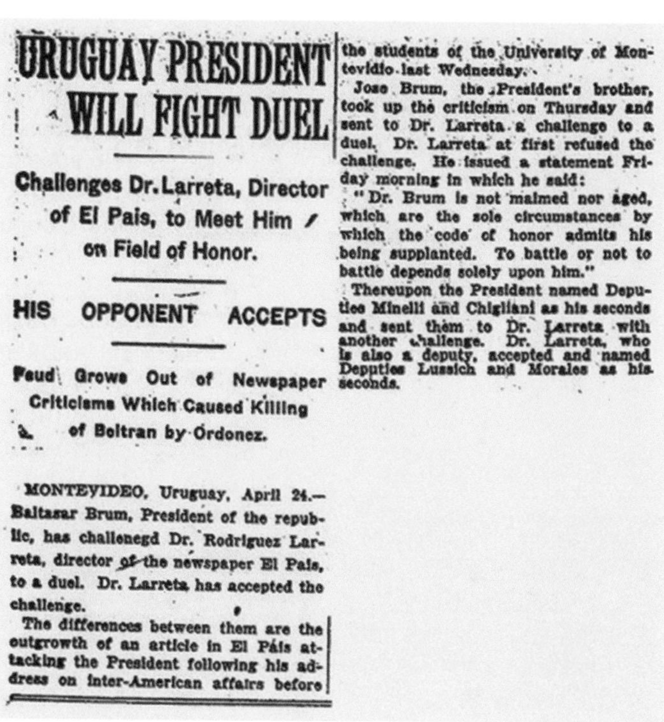

URUGUAY PRESIDENT WILL FIGHT DUEL

Challenges Dr. Larreta, Director of El Pais, to Meet Him on Field of Honor.

HIS OPPONENT ACCEPTS

Feud Grows Out of Newspaper Criticisms Which Caused Killing of Beltran by Ordonez.

MONTEVIDEO, Uruguay, April 24.—Baltasar Brum, President of the republic, has challenegd Dr. Rodriguez Larreta, director of the newspaper El Pais, to a duel. Dr. Larreta has accepted the challenge.

The differences between them are the outgrowth of an article in El País attacking the President following his address on inter-American affairs before the students of the University of Montevidio last Wednesday.

Jose Brum, the President's brother, took up the criticism on Thursday and sent to Dr. Larreta a challenge to a duel. Dr. Larreta at first refused the challenge. He issued a statement Friday morning in which he said:

"Dr. Brum is not maimed nor aged, which are the sole circumstances by which the code of honor admits his being supplanted. To battle or not to battle depends solely upon him."

Thereupon the President named Deputies Minelli and Chigliani as his seconds and sent them to Dr. Larreta with another challenge. Dr. Larreta, who is also a deputy, accepted and named Deputies Lussich and Morales as his seconds.

Казалось бы, Вторая мировая война должна была поставить точку в дуэльной саге. Концлагеря вкупе с ядерными взрывами окончательно деромантизировали душегубство во всех его проявлениях. Дуэль (в юридическом смысле — покушение на умышленное убийство) лишилась последних следов былой импозантности.

Но не для всех.

Знаете, когда и где произошла последняя зарегистрированная громкая дуэль в травоядной и политкорректной Европе?

В 1967 году. Дрались (на рапирах!) марсельский мэр (!!), коммунист (!!!) Гастон Деферр с депутатом-голлистом Рене Рибьером, который обозвал руководителя городского муниципалитета «идиотом». Представитель прогрессивных сил победил, нанеся реакционеру два ранения.

Подумать только — произошло это рубилово в то самое время, когда я, пятиклассник с московской окраины, почитал поединки безвозвратно ушедшей стариной...

Пост получился длинный. А хочется еще рассказать о самой утонченной из дуэлей 20 века. В следующий раз.

ДУЭЛЬ КАК БАЛЕТ

19.01.2011

Хочу поподробней, прямо-таки с умилением, рассказать об одной из последних (и безусловно самой распиаренной) дуэли двадцатого века.

Это был изысканный оммаж обычаям ушедшей эпохи, истинное па-де-де дуэльного искусства. Газета «Нью-Йорк таймс» назвала поединок «самой деликатной дуэлью в истории». Тут каждая деталь — прелесть.

Во-первых, абсолютно прекрасны участники. Наш соотечественник Серж Лифарь (Сергей Михайлович Лифаренко), великий танцовщик и балетмейстер, сразился с выдающимся балетным импрессарио маркизом де Куэвасом, чилийцем по рождению, американцем по паспорту и испанцем по титулу (а кроме того зятем Рокфеллера).

Во-вторых, уважительна причина: спор из-за постановки балета «Черное и белое».

В-третьих, чудесен антураж, где был брошен вызов: фойе театра «Шанзелизе».

Дело происходит в 1958 году. Для справки: Элвис Пресли уже поет, спутники уже летают, Майкл Джексон уже родился, Владимир Владимирович Путин скоро пойдет в первый класс.

Оскорбленный мнением Лифаря о спектакле, маркиз изящным жестом не столько наносит, сколько прорисовывает пощечину закрытой кистью руки. Серж Лифарь в ответ бросает обидчику в лицо свою борсетку. Следует картель. Хоть Лифарь — оскорбленная сторона, он предоставляет противнику выбор оружия, потому что маркиз на двадцать лет старше (одному дуэлянту 52 года, другому 72, то есть возраст уже не петушиный).

За подготовкой обоих антагонистов к бою следит вся пресса.

Вот Лифарь позирует на уроке фехтования:

Маркиз, старый головорез, спокойно ждет дня дуэли:

Секундантами у балетмейстера два танцовщика. У маркиза — собрат-импрессарио и Жан-Мари Ле Пэн (тот самый).

Пресса сходит с ума от восторга. Противники дают интервью направо и налево.

Наконец часы урочные пробили.

В живописном месте, на пленэре, в присутствии полусотни репортеров, разыгрывается балет.

Выглядит это вот так:

Все остались живы, Лифарь получил царапину, а завершилась история трогательными слезами и объятьями.

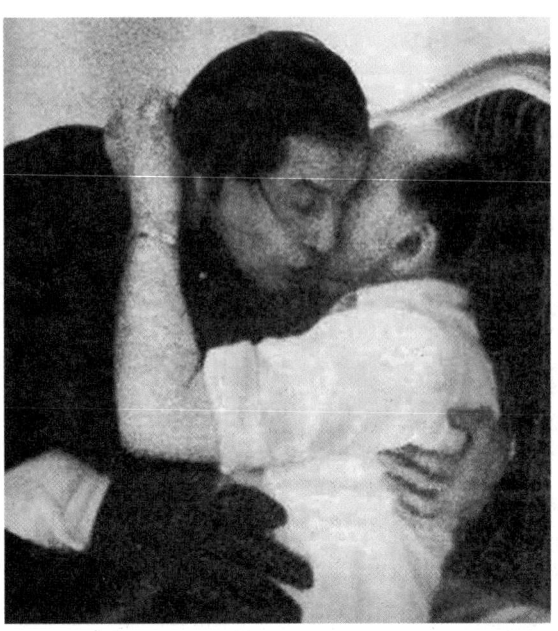

Из комментариев к посту:

alise84

В 1923 году Верховный суд РСФСР разбирал дело об убийстве на дуэли. Слушатель военной академии Тертов убил на дуэли своего соученика Дьяконова. Судя по протоколам, в этом деле была замешана женщина. Она была признана лицом социально опасным и была лишена права жить в городах сроком на три года. Про подсудимого было сказано: «Тертов этим выявил чуждое и враждебное пролетарскому обществу и Красной Армии феодальнокастовое понятие и дискредитировал свое звание красного воина и будущего вождя Красной армии». Однако он получил всего полтора года лишения свободы, видимо от растерянности судей, которые отметили, что это — единственное такое дело в их практике.

---

pavel_kartashov

А вот я в школе, классе в восьмом (это уже 90-е годы прошлого века) дрался на дуэли. Правда не на рапирах и не на пистолетах, а на кулаках. Но зато по всем правилам дуэльного кодекса: с бросанием перчатки, присутствием секундантов и пр. Правда, поскольку мы оба были людьми интеллигентными, то победа определялась не первой кровью, а по очкам, как в боксе. В этом вопросе мы доверились нашим секундантам.

Из-за чего была дуэль, я уже не помню. Может, из-за девушки, а может, из-за неудачно сказанного слова. Зато хорошо помню, что после дуэли мы сделались лучшими друзьями и клятвенно обещали если понадобится, привлечь на помощь друг другу всех родственников, друзей и знакомых, которые «служат в армии», «летают на самолете» и «ездят на танке»;)

---

postumia

Забавно — многие комментаторы находят дуэль смехотворной, из-за того что она окончилась ничтожной царапиной. Видимо, они не знают какое страшное оружие шпага (даже спортивная, с наконечником) для человека с открытым лицом. Настоящая дуэль, по их мнению, это, видимо, когда кровища хлещет и противники с хрипом размахивают клинками в разные стороны. Да нет: это вполне себе дуэль, правильное фехтование — укол в руку — это как раз то, что нужно, молодцом маркиз. Достойный, человеческий результат. Смертельный исход или тяжелое ранение мне лично не нужны.

fatheraleksandr

Печальная иллюстрация того, что и самая благородная традиция, будучи вырванной из контекста своего времени, может оказаться смешна…

Сегодня человек достойный, и в своем окружении, более похожем на резервацию, будет задумываться, кому же руку подать. И уж, тем более, этой рукой подщечину отвесить, что еще более ответственно….

А на улицах, в толпе... выстрел в колено из травматического пистолета давно заменил предложение выгулять пару шпаг на природу. Что, в нынешних реалиях, вполне естественно. Но не красиво, а значит — не правильно))))

ГЛАВНЫЕ ВОЕННЫЕ ГЕРОИ

26.01.2011

Однажды, не столь важно зачем, мне понадобилось выяснить, кто считается главным военным героем в разных странах. Не по эмоционально-субъективной оценке (для кого-то, может, и генерал Власов герой), а по сугубо объективному, даже формальному критерию: количеству и рангу полученных наград.

Результат поисков оказался в целом предсказуемым, но в то же время таил в себе один приятный сюрприз. Почему сюрприз и почему приятный — об этом и будет пост. Но сначала о предсказуемом.

Русские национальные top heroes — это, естественно, наши о́тцы-бравы полководцы. Кому и получать высокие награды, если не высокому начальнику? В дореволюционной Рос-

Сразу видно — герой

сии рекордсмен по регалиям — М. И. Голенищев-Кутузов-Смоленский, светлейший князь и фельдмаршал. В советской истории — Г. К. Жуков. Ну, понятно.

Того же примерно разряда, хоть и менее знаменит, самый декорированный в истории француз: корпусной генерал Марсель Бигеар (1916–2010):

У немцев это летчик-ас Второй мировой Ганс-Ульрих Рудель:

У американцев — лейтенант Оди Мэрфи, отчаянный gunfighter из армии Эйзенхауэра:

Генералы, летчики и ковбои — это было ожидаемо и, в общем, понятно. Но удивили и порадовали англичане.

За всю историю больше всего орденов-медалей у них получил капрал Первой мировой Уильям Харольд Кольтман (1891–1974), награжденный в том числе и наивысшим знаком отличия, Крестом Виктории, чаще всего присуждавшимся посмертно, за исключительные проявления героизма.

На всю Великобританию сегодня всего семь человек имеют Крест Виктории.

Для сравнения: у нас Героев России около пятисот.

И поразительно тут не то, что чемпионом у британцев числится простой капрал, а то, что этот солдат никогда никого не убивал, ни разу не выстрелил и вообще отказывался брать в руки оружие. Потому что он был сектант и противник всякого насилия. При этом Кольтман пошел на войну добровольцем, потому что непротивление злу насилием вообще-то не противоречит патриотизму.

Надо отдать должное командирам упёртого пацифиста. Кольтмана не отдали под трибунал, а вручили ему санитарные носилки, повязку с красным крестом и отправили на поле боя — под огонь противника.

За время войны он спас бессчетное множество раненых. Однажды, во время особенно кровопролитного сражения, бесстрашный санитар курсировал с передовой в тыл и обратно на протяжении 48 часов.

Тоже еще герой, ни одного немца не убил!

Должно быть, некий ангел хранил чудно́го капрала. Он вернулся с войны невредимым и потом много лет работал садовником.

Как же я люблю истории про безусловно положительных героев, и чтоб еще с хэппи-эндом!

Ну и англичане, конечно, тоже молодцы. Немцы, французы или наши долго б не думали — расстреляли бы непротивленца хренова, и дело с концом.

Из комментариев к посту:

---

algol78

Санитары и военврачи больше заслуживают награды, чем самые великие и удачливые полководцы или полевые герои. И хорошо, что хотя бы в Англии, это признали, скажем так, документально:)

Кстати, высшие награды во многих странах давали просто так. Известная история наверное самой знаменитой военной фотографии — водружение флага на Иводзиме. И все участники этой фотографии (которая была сделана не в пылу боя, а во время замены одного флага другим) получили свои медали Конгресса и стали национальными героями. Только за то, что попали в кадр. Они все, наверное, были хорошие и храбрые ребята, но медаль Конгресса! И характерно, что только один из них, наверное-таки заслужил эту награду, и это был как раз военный врач. Заслужил, конечно, не за фотосессию с флагом, а за свою работу по спасению людей.

---

zhenia_b_s

Вы знаете, в Советской армии были такие же пацифисты Кольтманы во время второй мировой войны. Про одного из них, родственника моей одноклассницы, Михаила Власенко, я слышала с детства. Всю войну он прошел до Берлина без оружия и без единого ранения. В армии, не хуже Кольтмана, помогал чем мог людям: готовил еду, чинил одежду и обувь, занимался врачеванием, а еще... переводил со всех языков (по странам которой шла наша доблестная армия) на русский. У баптиста Михаила Власенко был дар полиглота. После войны, он продолжил свою баптистскую деятельность и даже получил несколько медалей, «за участие...». Умер своей смертью, далеко за 80.

Странные японские начальники

7.02.2011

Одна из самых привлекательных черт японского общества — привычка отвечать за свои поступки и проступки. Этой традиции испокон веку следует всякий мало-мальски видный японский начальник. Причем ответственным он себя чувствует не перед начальством более высокого ранга, а перед собственной совестью. Точнее, перед собственным чувством стыда, поскольку «совесть» — категория христианской культуры. Японскому начальнику делается до того себя стыдно, что он уходит в отставку, а бывает, что *уходит совсем*.

В японской истории начальников-душегубов не меньше, чем в истории любого другого государства, но есть одно существенное отличие. Посылая подчиненных на смерть, японский душегуб не щадил и себя, а если чувствовал, что виноват, то нередко сам выносил себе смертный приговор. Гитлер, Гиммлер, Геббельс, Геринг покончили с собой от безысходности — чтоб не висеть в петле. Тысячи японских генералов и офицеров в августе 1945-го застрелились или сделали харакири не из страха перед судом, а, так сказать, из стыда перед зеркалом.

Эпопея камикадзе, если рассматривать ее как военно-политическую акцию, выглядит довольно отвратительно: пожилые дядьки, адмиралы с генералами, руководствуясь стратегическими и военно-пропагандистскими соображениями, отправили на верную смерть множество храбрых мальчишек, предварительно запудрив им мозги. Такого дерьма в истории навалом. Вспомним Гитлера, который перед падением Берлина, уже ни на что не надеясь, бросал подростков с панцерфаустами под гусеницы советских танков; или того же Бен Ладена,

Фюрер и дети

который сидит где-то в безопасном месте и посылает на гибель юнцов, мечтающих стать мучениками веры.

Считается, что создателями «проекта» по конвейерному производству героев-самоубийц были несколько начальников из руководства императорской военно-морской авиации. К осени 1944 им стало окончательно ясно, что по военно-промышленным показателям Япония все больше отстает от США, а значит, если и дальше воевать обычными средствами, впереди неминуемый крах. Единственное преимущество японцев перед жирной Америкой — несгибаемый самурайский дух. Тысячи японских мальчиков обрушатся «божественным ветром» на вражеские авианосцы, враг устрашится такой самоотверженности, откажется от планов вторжения в Японию, страну полоумных фанатиков, и предложит почетные условия мира.

В общем, совершенно сатанинский замысел — двух мнений быть не может. Но есть тут некая этноспецифика, которая вынуждает взглянуть на злодеев, решивших погубить цвет японской молодежи, несколько иначе.

Один из авторов скверной затеи, адмирал Масафуми Арима для начала продемонстрировал всем, что такое «божественный ветер»: лично возглавил самый первый вылет камикадзе. Попрощался, снял ордена и знаки различия, сел в двухмоторный самолет и погиб во время самоубийственной атаки на авианосец «Франклин».

Контр-адмирал Масафуми Арима (1895–1944)

Потом его примеру последовали четыре тысячи человек. Они утопили 34 вражеских корабля, 368 вывели из строя, но войну страна всё равно проиграла.

Император выступил с обращением к нации, поблагодарил за героизм и жертвенность, призвал строить новую Японию. В общем: всем спасибо, все свободны.

Но остальные авторы «Проекта Камикадзе» свободными себя не сочли.

Адмирал Матомэ Угаки завершил эпопею, став самым последним из летчиков-самоубийц, прямо в день капитуляции. Вот он перед взлетом, уже без знаков различия:

Вице-адмирал Матомэ Угаки (1890–1945)

Нападений на американский флот в этот день зарегистрировано не было. Непохоже, что Угаки хотел напоследок утащить на тот свет еще некоторое количество проклятых янки. Просто адмирал не пожелал оставаться в живых — японская ответственность.

А на следующий день главный из *акунинов*, Такидзиро Ониси, служивший в штабе, вдали от боевых действий, сделал харакири, оставив прощальное письмо с извинениями.

Вот какая у японских начальников экзотическая традиция, сохранившаяся и поныне, пускай без харакири. Для проштрафившегося министра или главы обанкротившейся компании стандартом поведения считается взять вину на себя, а не валить ее на подчиненных. Ну не дикари, спрашивается?

Вице-адмирал Такидзиро Ониси (1891–1945)

Когда-то, в дореволюционные времена, схожие обыкновения существовали и в России, но мы давно избавились от этих глупостей. Наши нынешние начальники, слава богу, люди цивилизованные, современные и обладают железной выдержкой, а то после всех Домодедовых, «Норд-Остов», Бесланов мы уже тысячу раз осиротели бы.

И ЕЩЕ ПРО КАМИКАДЗЕ

9.02.2011

Эпопея японских летчиков-самоубийц вызывает у меня чувства сильные и противоречивые. Поэтому еще один пост про это. Для ясности.

В комментах процитировано последнее письмо адмирала Угаки, а я, в продолжение темы о чувстве ответственности, переведу с японского не менее красивый документ — предсмертное послание вице-адмирала Ониси:

«Я обращаюсь к духам камикадзе. От всего сердца благодарю вас за храбрость в бою. Вы верили в победу и погибли прекрасной смертью, как осыпавшиеся лепестки сакуры, но вашим надеждам не было суждено свершиться. Своей смертью я хочу искупить вину перед душами моих солдат и их скорбящими семьями.

Еще хочу обратиться ко всем японцам. Прошу вас: не ведите себя безрассудно, не сводите счеты с жизнью — это будет только на руку врагам. Верьте в священную волю императора, терпеливо сносите боль. Но в испытаниях не забывайте о японской гордости. Вы — сокровище нашей страны. Даже в мирные времена сохраняйте дух камикадзе, не жалейте усилий ради блага японской нации и народов всей планеты».

Вины перед погибшими летчиками у адмирала накопилось столько, что он выбрал для себя мучительную смерть: харакири без секунданта. Его агония продолжалась пятнадцать часов.

Такое чувство ответственности и такая безжалостность к себе не могут не восхищать. Но прощения старому вояке и его соратникам все равно нет и быть не может. Быть безжалостным к себе — право каждого. А вот быть безжалостным к тем, за кого отвечаешь, это уже совсем иное. Большинство летчиков, которых бравые адмиралы отправили умирать, были юнцами, полудетьми. Одурманить им голову крысоловскими трелями, исполненными на волшебной дудке патриотизма, было нетрудно.

Посмотрите на эти лица:

Паренька со щенком в руках звали Юкио Араки, ему было семнадцать лет. На следующий день после того, как был сделан снимок, он и его веселые товарищи погибли в самоубийственной атаке на американские корабли.

А на этой блеклой фотографии лейтенант Уэмура, из бывших студентов.

В прощальном письме он, в отличие от адмирала, обращается не к японской нации, а к годовалой девочке со снимка: «У меня с собой в кабине талисман — твоя куколка, а значит, ты со мной. Но на самом деле ты так далеко, и это разрывает мне сердце».

В общем, скажем прямо: героическим японским начальникам было из-за чего мучиться и казниться.

Так они провожали летчиков на смерть:

Выпьет с мальчиками господин начальник церемониальную чарку (справа на фото адмирал Фурудомэ, благополучно доживший до глубокой старости — не все поголовно японские начальники самоубийственно стыдливы) и останется на земле.

А мальчики улетят и не вернутся.

Из комментариев к посту:

---

alexpolyansky

Если под ответственностью разумеете харакири, то самоубийство — смертный грех, человек не волен сам прерывать свой земной путь. Он обязан нести свой крест до определенного ему конца и работать над своим изображением в зеркале: лечить свою душу, пока есть возможность, после смерти он ничего искупить не сможет

---

tigra1807

Странно как все — из крайности в крайность. Японцы — чуть чувствуют, что не правы — харакири, а 80 % наших начальников — чуть чувствуют что не правы — делают «харакири» своим подчиненным. Не раз уже видела, как проштрафившийся руководитель находит на кого свалить вину и выходит сухим и довольным из воды, иногда еще и материальное вознаграждение от начальника свыше получает, за то что «гнилое звено» нашел.

---

ravael

Поскольку достойных и сильных духом «чиновников-самураев» в нашей стране нет, нужно чтобы за спиной каждого чиновника и руководителя стоял человек с мечом. А еще лучше — при вступлении в должность вживлять в мозг чиновника микрочип с взрывным устройством.Как только человек на высокой должности подумает о собственной наживе, а не о благе государства — тут ему и конец.

---

odinvlesu

Японцы в этой войне продемонстрировали миру культуру жестокости. Мы же — жестокость бескультурья. Лобовые пехотные атаки унесли жизни значительно большего количества молодых ребят. И то и другое чудовищно. Не знаешь — что хуже. В японском пафосе, пожалуй, больше имперского лицемерия, чем в советском безразличии к жизням своих детей. Впрочем, повторюсь, — и то и другое омерзительно.

❦ ПОСЛЕДНЯЯ ТАЙНА ВИДОКА, ИЛИ КАК СТАРОМУ ОБЛЕЗЛОМУ ГОЛОДРАНЦУ ДОБИТЬСЯ УСПЕХА У ЖЕНЩИН

14.02.2011

Решил вот, чтоб соответствовать настроению момента, поискать к Валентинову дню в своем архиве какие-нибудь сюжеты про ухаживание и флирт. Нашел целых два, в некотором роде зеркальные: один про счастье в любви, другой про наоборот. Сегодня, разумеется, настраиваемся на позитив.

В нескольких прочитанных мной жизнеописаниях суперсыщика и гиперпрохиндея Эжена-Франсуа Видока (1775–1857) масса поразительных историй, как правдоподобных, так и не очень, но больше всего меня поразила одна, без сомнения подлинная — уже хотя бы потому, что известна она не со слов великого самопиарщика, а из документов и свидетельств современников.

Когда Видок состарился и стал решительно нехорош собой, ко всем прочим неприятностям он еще и оказался стеснен в средствах. В эти тощие годы былой любитель красивой жизни был вынужден отказаться от всех «тучных» привычек и жил очень скромно.

По сильно приукрашенному позднему портрету видно, как нехаризматичен сделался на склоне лет прежний герой-любовник.

Но окружающих поражало, как это рыхлому, неопрятному старикашке удается приманивать женщин. Старость Видока была бедной, но отнюдь не одинокой. Смазливые девицы и аппетитные бабенки (в том числе — о! — молодые актриски), будто установив очередность, посещали дедушку, любезничали

Всё в прошлом? Как бы не так!

с ним, прохаживались с ним по улице, а может быть, выказывали и более вещественные знаки приязни. Видок при случае любил намекнуть соседям, что вообще-то он имеет кое-какое состояние, просто на старости лет стал набожен и аскетичен, однако, если даже у пенсионера и были сбережения, тайны женского обожания это не объясняло. На своих поклонниц Видок не тратил ни одного су — наоборот, некоторые из них приносили ему подарки.

Очевидно, тут наблюдался феномен редкостного мужского обаяния, неподвластного течению времени. Все недоумевали, сплетничали, завидовали.

Но вот бывший каторжник-полицейский скончался. И секрет его колдовского успеха раскрылся.

Еще до того, как завершилось отпевание, некая актриса явилась к приставу, чтобы тот поскорее опечатал квартиру усопшего, ибо всё его имущество завещано ей.

Вскоре явились еще одиннадцать особ женского пола с точно такими же завещаниями. Выяснилось, что каждой из обожательниц ушлый старичок пообещал оставить всё свое бережно припрятанное состояние — в благодарность за малую толику любви и заботы.

Однако, как обнаружилось после торгов, никакого состояния не существовало и все пожитки ветерана правоохранительных органов были оценены в более чем скромную сумму 2907 франков плюс 867 франков недополученной пенсии. Даже если поделить на двенадцать, хватило бы только на шпильки, но и эта чепуха в результате досталась каким-то родственникам.

Ай да Видок, ай да сукин сын. Мало того, что скрасил себе закатные годы жизни, так еще и вызвал своей смертью столько совершенно неподдельных женских рыданий!

В общем, всех с днем Валентина, всем феноменального везения в любви.

Примерно в таком окружении завершал Видок свой жизненный путь

Про феноменальное невезение — в следующем посте. Он будет называться «Как юной и желанной красавице упустить свое счастье».

Из комментариев к посту:

---

backvocal

По-моему, очень печальная история. Отчего рядом с Видоком под конец жизни не оказалось ни единой женщины, которая согласилась бы дать ему толику любви бескорыстно?

---

fatheraleksandr

Сладок азарт охоты!
Раскидывает цветную фольгу
Старый ловец бабочек.

КАК ЮНОЙ И ЖЕЛАННОЙ КРАСАВИЦЕ УПУСТИТЬ СВОЕ СЧАСТЬЕ

16.02.2011

В прошлый раз мы восхищались/возмущались старым пройдохой, который вопреки всему урвал-таки у судьбы напоследок малую толику женской любви (пускай и сомнительного качества).

Сегодня для контраста и баланса расскажу исторический анекдот, описывающий прямо противоположную ситуацию: как была проиграна любовная партия, имевшая все шансы на успех. Вычитал я эту трагедию обманутых надежд в уже поминавшихся мною мемуарах наполеоновского камердинера Констана *("Mémoires intimes de Napoléon I par Costant son valet de chambre")*.

Верный (до поры до времени) Констан

Император Французов был ценителем женской красоты, однако, обремененный великими делами, совершенно не имел времени на ухаживания. Впрочем, необходимости расходовать свои драгоценные минуты на подобные формальности у него и не было — как говорится, не царское это дело. Власть и слава — сильный афродизиак, а самый маленький и короткий роман с самодержцем сулит столько выгод, что у любвеобильных владык редко возникают проблемы по части взаимности. Роль ухажера вместо его величества обычно исполнял доверенный камергер, умевший отлично договариваться с девицами и их родителями либо с дамами и их мужьями. Ловкость и такт этого посланника высочайшей любви были легендарны. Констан в мемуарах называет сего купидона «граф Б.» — по-русски это звучит как-то двусмысленно, но просто камергера звали де Бомон (те, кто читал пост про «Свободную лояльность», тоже с ним знакомы).

После занятия Мадрида его величеству было угодно обратить внимание на одну юную актрису, которую Констан описывает в следующих выражениях: «Очень красивая особа пятнадцати иль шестнадцати лет, обворожительнейшей свежести, черноволосая, с очами, полными огня». Граф Б. отправился на переговоры и выяснил, что красавица — о чудо из чудес — еще и целомудренна. «Она сумела сберечь свою добродетель, невзирая на все опасности, с коими сопряжено ремесло актрисы». А еще, присовокупляет Констан, «она обладала прекрасною душой, добрым сердцем и чрезвычайною живостью манер — одним словом, всеми приметами очарования».

Тетушка, у которой воспитывалась девица, сказала, что ради Великого Человека chére enfant готова расстаться со своим «сокровищем». Таким образом, всё отлично устроилось, и ночью ко дворцу прибыла плотно зашторенная карета, из которой выпорхнула разряженная в пух и прах чаровница, чуть не опрокинув Констана волной парфюмерных ароматов.

Через пару минут у Констана в комнате истерично затрезвонил колокольчик. Лакей кинулся в апартаменты его величества и был поражен, застав императора не в спальне, а в прихожей. Наполеон держался за виски, страдая от жесто-

Мне представляется что-то этакое

кой мигрени. «Констан! — вскричал он, выпустив шнур звонка. — Уведите ее отсюда как можно скорей! Я сейчас сдохну от ее благовоний! Отворите все окна и двери, но сначала — вон ее отсюда, вон!»

Сердце разрывается читать про то, как рыдала бедная испанка, не понимая, почему ее выпроваживают, хотя она ничего такого не сделала, да и вообще, можно сказать, едва вошла. «Не было конца ее слезам и мольбам, — пишет камердинер, — и она отчасти утешилась лишь тогда, когда увидела солидный подарок, который поручил передать ей император».

Moralité:

Mesdames et mesdemoiselles, послушайте совет мудрого Констана. Не мечите бисер перед свиньями. Если вам нужно произвести впечатление на других женщин — тогда конечно. Накрашивайтесь, наряжайтесь, душитесь ста ароматами. Все детали и нюансы будут замечены и оценены по достоинству. Но если нужно понравиться мужчине, ни в коем случае не переусердствуйте. В лучшем случае он, тупица, не заметит. А в худшем может произойти трагедия вроде описанной Констаном.

Наполеон и дамы

Обратите внимание: женщина, которая переборщила с прикидом, Героя явно пугает

Из комментариев к посту:

solntseva

Есть мнение, что Наполеон был... аллергиком. Из-за жестокого приступа аллергии он и проиграл битву при Ватерлоо… весна, цветение. Так что он просто понял — начинается приступ, а от концентрированных цветочных ароматов (духи тогда были натуральные) приступ мог быть особенно сильным.

Просто тогда никто не знал, что это за болезнь — термин аллергия в 1906 году ввел австрийский педиатр Клеменс фон Перке.

yulya_mavka

Я почему-то по названию ожидала грустную истории, но все оказалось очень весело.

Из личного опыта знаю, что чем хуже я выгляжу (и дело тут не только в парфюмах и косметике, а и в общем состоянии — усталость, грусть, раздраженность и т. д.), тем больше мужского внимания я получаю. Если я выгляжу на все 100 %, то мужчины лишь поглядывают со стороны. А когда больше 25 % не набираю, так и норовят познакомиться, услужить чем-нибудь.

Странные вы все-таки, существа, мужчины!:))

РОССИЙСКИЕ ГЕРОИ: МОЙ ЛИЧНЫЙ ВЫБОР

22.02.2011

Всё не могу успокоиться после нашего голосования по героям отечественной истории. На записи передачи «Очевидное-невероятное» мы с Сергеем Петровичем Капицей среди прочего говорили о несправедливости и избирательности в формировании национального пантеона героев. Часто случается, что чье-то имя застревает в памяти потомства не по заслугам, а кто-то, во стократ более достойный, начисто забывается.

Вот я и решил рассказать (а если кто-то знает — напомнить) о нескольких героях и героинях российской истории, которых сегодня совсем забыли. А для меня они — еще одно, причем важное доказательство того, что наша страна чего-то да стоит.

Должен сказать, что я сортирую вехи отечественной истории по одному главному параметру: способствовало то или иное историческое событие прогрессу ЧСД (чувства собственного достоинства) в соотечественниках либо же понизило эту характеристику, которая, я уверен, явственней всего определяет качество всякого народа. Вот почему, с моей точки зрения, так скверен любой тоталитаризм: он вытаптывает в людях достоинство, превращает их в винтики, гвоздики и щепки, которые летят во имя рубки какого-то там леса. Люблю первых двух Александров за то, что дали, каждый по-своему, толчок развитию прав личности. Терпеть не могу Николая Первого за святую веру во всемогущество шпицрутена и ненавижу Сталина за сознательное и планомерное вытаптывание чувства собственного достоинства во всех стратах российского общества, сверху донизу.

Ну а теперь собственно сюжет. В советские времена этот эпизод революционной борьбы хоть изредка, да вспоминали (и то лишь до начала Большого Террора), а теперь совсем забыли, потому что революционеры вышли из моды.

Случилось это в годы царствования третьего Александра в одной из самых суровых ссыльно-каторжных тюрем Сибири.

Ссыльно-каторжная тюрьма в Усть-Каре

Во время посещения каторги генерал-губернатором Корфом одна заключенная, Елизавета Ковальская, отказалась встать при появлении высокого начальства. В воспоминаниях она объясняет это так: «Я никогда в тюрьме не вставала при входе начальства, не встала и перед ним. На его приказание: „встать!“ ответила: „Я пришла сюда за то, что не признаю вашего правительства, и перед его представителями не встаю“». Бунтовщицу чуть не убили на месте, потом перевели в еще более страшную тюрьму, поместили в одиночку, причем усть-карский комендант в отместку за то, что Ковальская «осрамила» его перед генералом, обошелся с ней каким-то особенно гадким образом. (В своей автобиографии Ковальская не хочет рассказывать, что имен-

Елизавета Ковальская

но с ней сделали стражники, но, видимо, даже для каторжных нравов это было нечто невообразимое).

Сокамерницы Ковальской, оставшиеся в Усть-Каре, начали серию голодовок, требуя уволить мерзавца. Борьба растянулась на месяцы. В конце концов одна из женщин, 28-летняя народница Надежда Сигида, попыталась влепить коменданту пощечину — офицеру с «битым лицом», согласно традициям, полагалось подавать в отставку. Как-то там он, резвун, от нее увернулся или отпрыгнул, а может, перехватил занесенную для удара руку — не знаю. Но акт составил, написал рапорт, и по приказу генерал-губернатора Корфа каторжница за дерзость была выпорота розгами, что соответствовало существовавшей в ту пору инструкции по содержанию заключенных.

В ту же ночь, 7 ноября 1889 года, четыре молодые женщины (в том числе Сигида) приняли смертельную дозу яда в знак протеста против оскорбления человеческой личности. В мужском отделении из солидарности то же сделали шестнадцать человек, но яд оказался лежалый, и скончались только двое.

Надежда Сигида

«Карийская трагедия» стала известна всей стране, а затем и всему миру. Шум поднялся такого масштаба, что Усть-Карская каторга была навсегда закрыта. Что более существенно: с этого момента в России были отменены телесные наказания в отношении женщин. Всё, больше никаких «Ни стона из ее груди, лишь бич хлестал, играя».

За то, чтобы российское общество поднялось на одну ступеньку высокой-превысокой лестницы ЧСД, заплатили жизнью шесть человек. Даже не знаю, много это или мало.

Вот имена этих людей. Вряд ли они вам известны:

Надежда Сигида
Мария Ковалевская
Надежда Смирницкая
Мария Калюжная
Иван Калюжный (Муж и жена? Брат и сестра?)
Сергей Бобохов.

А кроме имен да маленькой фотографии Н. Сигиды, кажется, ничего и не осталось. Была еще какая-то картина «Карийская трагедия» художника-соцреалиста Касаткина, но репродукции ни в Сети, ни в офф-лайне я так и не нашел. Зато в Хабаровском крае есть большой поселок Корфовский, в названии которого увековечено героическое имя генерал-губернатора, победителя женщин.

Из комментариев к посту:

---

chivorotsen

История эта — еще одно свидетельство того, что Россия сугубо бабья страна. Бабами вынашивалась, бабами спасалась. Бабы и в героях ходят. Печальна участь такой страны, в которой все на бабе держится.

---

kuka_luna

Понимаю, что сейчас меня будут «забрасывать камнями», но меня никогда не вдохновляли все эти «барышни-революционерки», которые выступали против царизма, готовили акции, подкладывали бомбы и допрыгались до Сталина. Они были недовольны императорской семьей, так что надеюсь, они огребли по полной все радости коммунизма!

---

oadam

Я и представить себе не могу ничего подобного ни в советской тюрьме/лагере, ни в современной. Чтобы кто-то из советских или современных осужденных не встал на требование начальства или попытался влепить ему пощечину? Да то «невообразимое», что сделали с Ковальской, показалось бы легким порицанием.

И это не потому что у советских политкаторжан ЧСД было меньше, чем у царских. Это потому что царским политкаторжанам ЧСД иметь позволялось, а советским нет. В сталинские времена старые политкаторжане поначалу пробовали себя вести, как в царской тюрьме. Им быстро объяснили, что теперь не царские времена. С. П. Мельгунов (имевший возможность сравнить прелести царской тюрьмы и советской) вспоминал в эмиграции: «То была царская тюрьма, блаженной памяти тюрьма, о которой политическим заключённым теперь остается вспоминать почти с радостным чувством».

❧ ПРЕКРАСНЫЙ МАРКИЗ (Из файла «Прототипы»)

9.03.2011

Одно время я коллекционировал диковинные биографии. Думал, пригодятся — это ж приключенческий роман, изготовленный самой природой. Но потом я понял, что для беллетристики подобный материал мало пригоден. Жизнь, если уж начнет придумывать необычные сюжеты, то наплюет на художественную правду и накуролесит такого, что попробуй вставь в роман — читатель не поверит.

Как-то раз я поэкспериментировал с биографией корнета Савина, но во имя правдоподобности пришлось сильно выхолостить и проредить подлинные похождения гениального прохиндея. Было безумно жалко. Триллеры, сочиненные историей, хороши не для беллетристики, а для нон-фикшн. Их приукрашивать — только портить.

Меня особенно завораживают судьбы тех неординарных личностей, которые при жизни находились в центре внимания и были, так сказать, записными ньюсмейкерами, но стоило им сойти со сцены, как их тут же забывали. Это люди, производившие много шума, ярко блиставшие, бывшие на виду и на слуху; их финал часто тоже трескуч и эффектен, как фейерверк. Но огни погасли, эхо стихло — и ничего не осталось.

Таковы большинство прославленных авантюристов 18 столетия, но в сведениях, дошедших до нас из той домассмедиальной эпохи, слишком много мифического и недостоверного. Мы не знаем, чему верить и чему не верить, когда читаем о невероятных эскападах графа Сен-Жермена, шевалье д'Эона или Морица Беньовского. Однако начиная со второй половины 19 века в Европе и Америке пресса регистрирует всё более или менее примечательное практически в режиме он-лайн, притом с разных сторон зрения, поэтому почти каждый факт легко проверить.

Предлагаю вашему вниманию краткое описание краткой жизни человека, про которого я когда-то подумывал написать книжку, а потом растащил его судьбу и черты характера на десяток разных персонажей.

Это был красавец, смельчак, дерзкий прожектер, заправский дуэлянт, краснобай и баламут — в общем, гремучая смесь Толстого-Американца, Ноздрева, Рокамболя, Долохова, тележурналиста Невзорова и Неуловимого Джо (который, как известно, получил свое прозвище, потому что на кой он, дурак, сдался его ловить).

Знакомьтесь: Антуан-Амедей-Мари-Венсан Манка-де-Валламброза маркиз де Морес и де Монтемаджиоре (современники обычно называли его более лапидарно — маркиз де Морес).

Юный шармёр

Потомок осевших во Франции итальянских и испанских аристократов, он родился в 1858 году, в 20 лет окончил Сен-Сир (этот выпуск получил название «Плевненского» в честь взятия русскими грозной крепости). Немного послужил в Алжире, но военной карьеры не сделал. Кажется, помешала первая из его бесчисленных дуэлей, а может быть, надоело жить в глуши на скудное офицерское жалованье.

Душка-военный

Во всяком случае, 24 лет от роду де Морес неоригинальным образом решил свои материальные проблемы — женился на богатой невесте, хоть она и была несколько старше.

На этом тривиальная часть биографии заканчивается. Следует вереница приключений и прожектов, каждый новый — честолюбивей и шумнее предыдущего.

В 1883 году маркиз уезжает в степи Северной Дакоты и основывает город, который называет в честь жены — Медора. На новом месте де Морес ведет себе так, как положено жить на Диком Западе: создает скотоводческое ранчо и компанию дилижансов, одолевает в схватке медведя гризли, ссорится с соседями (один из них — Теодор Рузвельт, будущий

Медора фон Хоффман, дочь нью-йоркского банкира

президент), палит из револьвера направо и налево, несколько раз обвиняется в убийстве — и всякий раз выходит на свободу, оправданный судом присяжных.

В одиночку он ввязывается в борьбу со всемогущими чикагскими «скотобаронами», монополизировавшими заготовку мяса, — и разоряется в неравном противостоянии.

В принципе, одной американской эпопеи было бы достаточно, чтобы отчаянный маркиз стал героем фольклора и голливудских вестернов. Но помнят его только в городке Медора, штат Северная Дакота, где деревянный дом неудачливого скотопромышленника сохраняют до сих пор и гордо величают «Лё шато де-Морес», а бывшее ранчо превратилось в «De Mores

Маркиз-ковбой

Memorial Park». Увы, это всего лишь Северная Дакота, где проблема с достопримечательностями и аристократическим прошлым.

После путешествия в Индию, Непал и Индокитай маркиз находит себе новую неподъемную задачу: он возглавит строительство железной дороги из Китая к Тонкинскому заливу. Перипетии и приключения индокитайского периода жизни де Мореса я опускаю (если вы видели фильм «Индиана Джонс и Храм Судьбы», вы легко представите себе детали). Самый яркий эпизод — дуэль в Гонконге с Мари-Шарлем де Майрена, самопровозглашенным владыкой королевства Седанг, еще одним французским авантюристом, который заслуживает отдельного поста (может быть, напишу про него как-нибудь после). Дерзкий замысел строительства железной дороги через непроходимые джунгли и малярийные болота вначале получил под-

Неаристократичное Le Château de Mores

держку французского правительства, но в конце концов провалился из-за явной невыполнимости.

Вернувшись на родину, маркиз быстро достиг всефранцузской славы. Его новый проект был не особенно оригинален, зато обречен на успех. Молодой человек решил избавить многострадальных соотечественников от еврейского ига.

Евреев де Морес не полюбил еще с дакотских времен — банкиры неарийского происхождения поддержали не безрассудного французского маркиза, а чикагских говяжьих баронов. Антуан-Амедей считал себя жертвой иудейского заговора.

Нужно сказать, что его идеи нашли в пред-дрейфусовской Франции множество горячих сторонников. Герой, красавец и блестящий оратор голубых кровей чрезвычайно понравился членам «Французской антисемитской лиги». (Думаю, именно

Общественный деятель

из-за репутации злокачественного юдофоба Морес и не стал в политкорректной Америке героем вестернов.)

Он создал собственную организацию «Морес и его друзья», аналог нашей «Черной сотни». Костяк составляли парижские мясники, которые уважали маркиза за его познания в скотобойном деле. Это были самые настоящие штурмовые отряды, специализировавшиеся на погромах, запугивании оппонентов и уличных драках. Одеты они были красиво: в красные ковбойские рубахи и сомбреро.

Нечего и говорить, что де Морес, превосходный стрелок и фехтовальщик, без конца участвовал в поединках — в основном с евреями. Он прострелил руку журналисту и депутату Фердинанду-Камиллу Дрейфусу (не родственнику знаменитого Альфреда), обидевшись на газетную статью, в которой наглый писака посмел иронизировать: как-де может кричать «Галлия для галлов!» человек с испанским титулом, итальянским папашей и американской женой. Газеты всего мира подробно писали о другой дуэли — с преподавателем Политехнической школы капитаном Майером, тоже евреем, которого де Морес заколол насмерть. (Всего в личном дуэльном зачете маркиза три летальных исхода.)

Статья в «Н-Й таймс»:

PARIS, June 24.—The Marquis de Mores is deeply grieved at the outcome of his duel with Capt. Mayer. He says that the combat was fought under conditions that ought to have prevented a fatal issue.

It was agreed that the duel would be fought with swords. The duelists were not to come to the closest quarters, and were to cease when one of the combatants received a wound that would place him in a position inferior to that of his adversary.

When all the preliminaries had been arranged and the duelists had taken their positions, the usual signal, "Allez!" was given. The Marquis made a direct thrust with his weapon, which was parried by Capt. Mayer. The Marquis again made a rapid lunge, his rapier passing through Capt. Mayer's guard and piercing his body below the armpit. The Marquis, seeing what had occurred, immediately disengaged his weapon and leaped back on his own ground. Capt. Mayer dropped his sword, exclaiming: "I am badly hit," and fell to the ground.

The Marquis advanced to his prostrate antagonist, and bending over him asked: "Capt. Mayer, will you allow me to shake hands with you?" Capt. Mayer assented to the Marquis's request by holding out his hand.

The surgeons who were present at once attended to the wounded man, and after he was made as comfortable as the circumstances permitted he was placed in a landau and removed to a hospital, where he died at 5 o'clock in the afternoon.

Capt. Mayer had carefully concealed from his relatives all knowledge that he was to fight a duel. He did this to save them from anxiety as to the outcome. When the news of his son's death was broken to Capt. Mayer's father, his grief was extreme. He went to the hospital and the body of his son was given to him. He conveyed the remains to his home.

The affair is deeply regretted at the Ecole Polytechnique, where Capt. Mayer held a professorship. He was greatly esteemed by his fellow-officers. He was a splendid fencer, and had appeared in numerous assaults-at-arms. He was a Hebrew, and the duel arose from the Marquis de Mores expressing the opinion that no Jew ought to be an officer in the army.

The Marquis de Mores has been arrested on the charge of causing the death of Capt. Mayer. The funeral of the unfortunate duelist has been fixed for Sunday next. It promises to be an imposing affair.

The death of Capt. Mayer at the hands of the Marquis de Mores in defense of the rights of the Jews in France, and as a result of the anti-Semitic warfare which is being waged in this country, has created great excitement among the Jews here, and has aroused them to a high pitch of indignation at the untimely taking off of their champion.

It is feared that the Jewish residents of this city and suburbs will engage in demonstrations on the occasion of the funeral of Capt. Mayer. The authorities apprehend trouble in the event of the Jews making any manifestations, and are accordingly taking all necessary precautions to prevent any conflicts on Sunday.

In the Chamber of Deputies to-morrow M. Dreyfus will question M. de Freycinet, Minister of War, as to what steps the Government has proposed to take to secure liberty of conscience in France and to protect officers of the army from insult.

The newspapers, in their editorial comments in reference to the duel, almost unanimously regret the death of Capt. Mayer. They censure the polemic which led to the tragic event, and say they trust that the emotions excited by the fatal outcome of the duel may arrest the attempts which are being made to revive religious quarrels in this country.

The whole Jewish colony of Paris have sent messages of profound condolence to the family of Capt. Mayer, and have expressed to the bereaved relatives their lively appreciation of the virtues of the dead man and their deep sorrow at the loss of their valiant co-religionist.

It is reported that the Jewish officers in the French Army intend to avenge the death of Capt. Mayer, and that a series of duels arising from the affair is imminent.

Любопытно, что на процессе убийцу защищал адвокат Эдгар Деманж, впоследствии прославившийся защитой капитана Дрейфуса.

Присяжные маркиза, разумеется, оправдали.

Но в 1894 году большая политическая карьера де Мореса закончилась конфузным образом.

У антисемитов часто бывает, что, ненавидя евреев, они охотно пользуются еврейскими деньгами. Известный журналист Жорж Клемансо раскопал историю о том, что рыцарь борьбы с мировым еврейством втихую получал деньги от банкира Корнелиуса Герца, участника Панамского скандала, еврея и вообще, с точки зрения ура-французов, исчадия ада. Эта неприятность заставила маркиза покинуть страну.

Теперь он обиделся не только на евреев, но и на англичан (Корнелиус Герц спасался от французского правосудия в Лондоне). У нашего мегаломаньяка возникла совсем уж великая идея: подорвать гегемонию Британской империи, а для этого объединить всех мусульман Африки против британско-еврейского Молоха. Де Морес решил возглавить кочевые племена Сахары и пойти походом на англичан и каких-то зловещих «африканских евреев».

Кончилось это плохо. На караван маркиза напали туареги. 38-летний герой дорого продал свою жизнь — уложил пятерых, но был изрублен саблями и изрешечен пулями.

Что и говорить, редкостным болваном был господин де Морес. Но, черт побери, какая жизнь и какая смерть!

Про еврейские деньги (Вдогонку к предыдущему посту)

11.03.2011

С интересом прочитал в комментах «Благородного Собрания» дискуссию о роковых «еврейских деньгах», и захотелось коснуться любопытной темы — избирательной брезгливости юдофобов.

Когда я упомянул о лондонском эмигранте-банкире Герце, который стал причиной падения нашего маркиза, многие, вероятно, вспомнили другого лондонца поневоле, примерно с такой же мефистофельской репутацией — Бориса Березовского. Действительно, их судьбы во многом схожи.

Корнелиус Герц, еврей по происхождению, француз по рождению, американец по паспорту, был одним из виднейших предпринимателей и общественно-политических деятелей Третьей республики. Он был вездесущ и занимался массой грандиозных проектов — от электрификации всей Франции до издания журналов. Правда, государственных постов, в отличие от Бориса Абрамовича, никогда не занимал, но зато был удостоен высшей госнаграды, звания Великого офицера Ордена Почетного легиона (нашему кингмейкеру такая честь и не снилась).

Во французской большой политике девяностых годов девятнадцатого века Герц обладал примерно таким же влиянием, как Березовский в российской политике девяностых годов века двадцатого.

В результате Панамского скандала случился правительственный кризис, и Герц бежал в Англию. На родине он был заочно приговорен к тюремному заключению, Франция тщетно добивалась его экстрадикции, а ультраправые, как водится, считали беглеца лидером «еврейской закулисы» и врагом рода человече-

Правый «Пти-журналь»: продажный Клемансо пляшет и жонглирует, крючконосый Герц суфлирует

ского. В общем, ситуация знакомая. Нет ничего нового под солнцем (если не считать достижений научно-технического прогресса вроде чая с полонием). Что было, тожде есть, еже будет.

Вот и история с финансовой поддержкой маркиза де Мореса, редактора антисемитской газеты «Либр пароль», поразительно напоминает паломничество к Березовскому редактора нашей боевитой газеты «Завтра», автора бессмертных строк:

Блистает в воздухе чеченская секира,
Блестит алмаз еврейского банкира.
С тех пор, как у меня на сердце лед,
Мне другом стал один гранатомет.
Лети, лети, печальная граната,
За Терек, за Дунай — до штаб-квартиры НАТО.

Или уже прямым текстом про Березовского и, поименно, других евреев-кровососов:

Играет Березовский в казино,
Танцует с кастаньетами Гусинский,
Потеет Ходорковский в бане финской,
Все русское добро в Манхэттен свезено.

Однако после поездки Александра Проханова в Англию его газета вдруг прониклась к Березовскому глубоким почтением. Поэт и гражданин даже покаялся перед Борисом Абрамовичем: «Вы демонизированы, скажем прямо, и с помощью моей газеты» **(***Газета «Завтра», №№ 40–41, 2002 г.***)**. Позднее помянул добром «еврейские деньги, которые пригодились в прошлом» большевикам — глядишь, и снова выручат. В общем, у Александра Андреевича в дополнение к другу-гранатомету появился полезный друг-еврей.

Как все-таки хорошо, что российские антисемиты обременены идеалистическими предрассудками в меньшей степени, чем французские жидоморы столетней давности. Никто из наших арийцев не был фраппирован, единомышленники отнеслись к маневру редактора с полным пониманием, и Александру Проханову не пришлось спасаться от гнева товарищей бегством в Африку, где его, не дай бог, еще зарубили бы кривыми саблями арабы (тоже, между прочим, семиты).

Из комментариев к посту:

---

marinagra

«Но, черт побери, какая жизнь и какая смерть!»
Гнусная жизнь, заслуженная смерть!

Отвратительный тип! Хорошо, что он родился не в наше время, а пораньше. Сейчас он бы нагадил гораздо больше!

---

shiloves1

Меня всегда завораживала жизнь людей на стыке эпох. Представить себе человека, жившего в сословном обществе, ходившего в напудренном парике и чулках, пережившего революцию, наполеоновскую эпопею, восстановление монархии, ещё одну революцию, дожившего до паровозного сообщения и изобретения радио, — почти невозможно. Но ведь было!

---

backvocal

Есть у таких людей одно качество, которое вызывает уважение: бесстрашие. Готовность отстаивать свои идеалы, какими бы дурацкими они ни были, не щадя живота своего, не может не восхищать. С его внешностью и эдакими гусарскими замашками безусловно был любимцем женщин.

ШАТКОСТЬ

13.03.2011

Что такое землетрясение, я знаю. Однажды, много лет назад, я сидел в читальном зале японского университета, что-то читал или выписывал. Когда я погружен в какое-нибудь дело, окружающему миру довольно трудно до меня достучаться. А тут никто и не стучал. Наоборот, стало очень тихо, даже для читального зала. Я что-то такое почувствовал, поднял голову и увидел, что все японцы сидят с застывшими лицами и будто прислушиваются. Уж не знаю, по каким приметам они поняли. Вероятно, это достигается опытом. Помню, что воздух был странный. Словно застыл и уплотнился.

Пауза эта, вероятно, длилась секунду или две. Потом внезапно... как бы это описать... Ну, представьте, что в стену дома ударил гигантский отбойный молоток. Примерно такая частота и сила была у толчков. С улицы доносился звон — это сыпались оконные стекла. Я хотел приподняться со стула — не смог. Пришлось даже ухватиться руками за стол. Задрал голову и увидел, как на верхней полке медленно едут к краю красивые сине-золотые тома «Британники». Сейчас посыплются на голову. И даже не прикроешься — пальцы вцепились в край стола и не желают разжиматься. Кажется, я подумал, что моя гибель будет глубоко символична: груз знаний наконец проломит мне башку. Хотя наверное, это я потом, задним числом, придумал и убедил свою память. Вот, мол, какой я молодец, даже в минуту опасности способен иронизировать. Но совершенно точно помню, как с чувством снисходительного превосходства я смотрел на японских студентов, когда они, едва лишь прекратилась тряска, бросились к выходу. Чего уж теперь-то драпать, когда всё закончилось? Чистой воды истерика. Но один из японцев вернулся и объяснил мне, чурке круглоглазому, что очень часто перед главным толчком бывает предварительный. И если предварительный толчок такой силы, то надо поскорей уносить ноги. Тогда я дунул вслед за всеми. Нам повезло, второго толчка не последовало. И вообще то землетрясение было не из великих — всего пять с половиной баллов. Погибли тридцать человек. А что такое 8,9 баллов, как в префектуре Мияги, это я даже не могу вообразить.

Я тут два дня писал письма друзьям и знакомым, чтобы узнать, всё ли у них в порядке.

У моих японских друзей и знакомых, слава богу, всё в порядке. Никто из них не живет на северо-восточной окраине страны, где находится эпицентр несчастья. Столичные жители ничего кроме временных неудобств не испытали. Например, один мой друг написал, что они с женой поехали на машине забирать ребенка после школы (транспорт ведь не работал) и вернулись домой лишь утром, проведя в пробках 11 часов. А еще в мейле говорилось (мой

Вчера мир был таким:

Город Кэсэннума до несчастья…

друг — литератор, мы иначе не умеем), что случившееся — лишнее напоминание о шаткости бытия, в самом буквальном смысле.

Я думаю, что японцы шаткость экзистенции ощущают гораздо острее других наций. В этом, возможно, и заключается их детерминанта. Люди, выросшие в *нормальных* странах, в большей степени наделены инстинктивным ощущением незыблемости бытия. Потому что, в конце концов, под ногами — земная твердь, уж она-то, матушка, не выдаст. Если же земля не мать, а мачеха, то и всё остальное становится каким-то зыбким, ненадежным.

Возьмем другую вроде бы очевидную незыблемость: свое «я». Это центр, вокруг которого вращается вселенная. Всё остальное может мне мерещиться, но уж «я»-то сам безусловно существую, даже чокнутые солипсисты в этом не сомневаются.

Японский язык единственный из мне известных, где местоимение «я» является плавающим. В зависимости от возраста, пола, общественного положения, воспитания, самоощущения человек может использовать по меньшей мере пять разных «я» (а когда-то их было чуть ли не семнадцать). В одной ситуации человек говорит про себя «ватаси», в другой «ватакуси», в третьей «боку» — и так далее. Думаю, эта флуктуация эпицентра сознания как-то связана с ненадежностью точки опоры.

Сегодня стал вот каким:

Город Кэсэннума сейчас

Как же шаток японский мир, если и земля, и человеческое эго в нем фиксированы лишь условно.

Но я думаю, что нет ничего прочнее системы, учитывающей шаткость как основной закон бытия.

А завтра его восстановят. Без гарантий на то, что всё не повторится сызнова.

Ну так что? В жизни, как известно, вообще ничто не гарантировано, просто каждый японец знает это с детства и никогда не забывает.

Из комментариев к посту:

---

tina379

Как только это случилось, не отхожу от экрана: CNN, BBC и все другие новостные каналы. Сочувствую и соболезную японцам, это самая большая трагедия со времен войны. Сейчас трудно оценить масштабы случившегося и какие это будет иметь последствия для всей планеты. Что значит, что ось вращения Земли сместилась более чем на 10 см? Во время таких событий понимаешь, как хрупок наш мир и как мы беспомощны перед лицом стихии. Скорее бы прояснилось, что происходит с АЭС, пока что из разных источников очень противоречивые сведения. Остается только верить и надеяться, что все обойдется. И еще верю, что благодаря самурайскому характеру, последствия катастрофы будут быстро преодолены и уже следующей весной в Японии будет праздник цветения сакуры.

---

basya51

У меня сочувствие японцам воплощено в какой-то невыразимой словами глубокой печали. Все время хочется заплакать и чтобы эти слезы разделенного с ними горя потери близких хоть как-нибудь бы им помогли.

---

singerliluna

Маленькая я жила с родителями на острове Хоккайдо, недалеко от Саппоро. Вот там один раз тряхануло прилично. По-моему баллов 6 или 7 — было видно, как дома на соседней улице потрескались. Японцы, естественно, высыпали на улицу, а мы, пока соображали что происходит, уже всё закончилось. Жуткое ощущение, когда тебе НЕКУДА бежать. Это не горящий дом, из которого можно выбраться, не тонущий корабль. Тут куда ни побеги — везде катастрофа. А другой раз землетрясение сопровождалось тайфуном. Дул сильный ветер, деревья падали, ветки летали, в домах отключили воду и электричество. Зато магазины почти все работали. Родители зашли купить продуктов, а им из темноты — «ирассяимасэ!» — «добро пожаловать!»

---

nekotjonok

Я живу в Калифорнии, работаю в школе. Дважды в месяц мы проводим учения с детишками. Они должны залезть под столы, свернуться в клубочек и закрыть голову руками. А взрослым полагается встать в дверной проход и к детям не подходить. Каждый раз больно так стоять и смотреть, как они торчат из-под хлипких столов разными частями тела. Для пятилеток же это весёлая игра такая.

А трясёт нас очень часто:- (

ФОТО КАК ХОККУ

22.03.2011

Поскольку я сам без конца выдумываю людей и сюжеты, которых никогда не было, и выдаю эту фикцию за исторические романы, во мне глубоко укоренено иррациональное недоверие ко всем произведениям искусства, изображающим персонажей и события прошлого. Гляжу я, скажем, на картину, где генерал Раевский ведет в героическую атаку своих малолетних сыновей*, и говорю себе: «Всё брехня. И сыновей в атаку не вел, и вообще бой наверняка выглядел совершенно иначе». Это еще ладно. Но у меня бывает, что я смотрю на хрестоматийный портрет Пушкина и ловлю себя на мысли: а вдруг Александра Сергеевича придумали учителя литературы? То есть я, конечно, знаю, что Пушкин существовал на самом деле, но видел-то его Кипренский, не я, а где он сейчас, тот Кипренский и правдиво ли изобразил поэта?

«Сей анекдот сочинен в Петербурге», — говорил Раевский

Другое дело — фотографии. Вот люди, снятые беспристрастной, лишенной воображения фотокамерой, они точно существовали. Поэтому все, кто жил в дофотографическую эпоху — Шекспир, Ломоносов, Моцарт, Пушкин с Лермонтовым — в моем восприятии полумифичны. В отличие от Бальзака, Гоголя, Тургенева и последующих классиков, чья реальность подтверждается фотоснимком или дагерротипом.

Как вы уже догадались, я очень люблю старинные фотографии. Они меня просто завораживают. У меня возникает ощущение, что каким-то чудом я подглядел в замочную скважину времени и увидел навсегда канувший мир таким, каким он был на самом деле. А от этого всего один шаг до не столь уж фантастической гипотезы: если минувшее может сохраняться на картинке, быть может, *оно вообще не исчезает*? Что если люди, которых больше нет, где-то все-таки существуют? На снимке ведь они остались.

Недавно мне подарили календарь с фотографиями Москвы времен «Азазеля». Чем-то они меня разбередили. Была в них какая-то нехорошая, пугающая тайна. Я долго не мог понять, что меня так растревожило.

Все фотографии календаря выглядели примерно так

А потом сообразил — и ахнул.

На улицах не было людей! Город остался, а населявшие его жители исчезли — будто после смерти утащили на тот свет и свои отражения.

Потом, конечно, я понял, в чем дело. Выдержка на тогдашних несовершенных камерах была очень длинной. Прохожие и движущиеся экипажи просто не успевали запечатлеться в кадре. На некоторых снимках, если приглядеться, можно разобрать смутные тени — это кто-то ненадолго остановился, или извозчик высаживает седока. В результате получилась мистическая Москва, населенная призраками прежних москвичей.

Я стараюсь не пропускать ни одной выставки фотографий девятнадцатого века. Чем снимок старинней, тем он мне интересней. Но болваны-фотографы в основном запечатлевали нотр-дамы, колизеи и кремли, которые с тех пор не особенно изменились, современников же снимали мало, потому что те вертелись, моргали, и портреты получались смазанными. Фотографы того времени не знали, что на свете нет ничего интересней живых людей.

Посмотрите, например, на этого дедушку:

История сохранила его имя: Конрад Хейер (1749–1856), но можете считать, что это никто и звать его никак. Подвигов этот старичок не совершил, ничем не прославился. Зато он — самый (извините за неуклюжее слово) раннерожденный житель Земли, чье документальное изображение до нас дошло. Конрад Хейер, снятый здесь в столетнем возрасте, появился на свет в *тысяча семьсот сорок девятом году*! Это год, когда — только вообразите — был еще жив Иоганн Себастьян Бах! Благодаря мутному портрету *человека из 1749 года* и Бах, и всё, что существовало в ту отдаленную эпоху, будто легитимизируется, доказывает свою подлинность. Во всяком случае, для меня.

А среди старых фотографий я больше всего люблю те, которые похожи на хокку. Лучшие из японских трехстиший раскрывают свой смысл не сразу, требуют некоего дополнительного знания. Например, однажды я взял и выудил толстенный двухтомный роман из крошечного стихотворения Тиё:

Мой ловец стрекоз,
О, как же далеко ты
Нынче забежал.

Если не знать подоплеки* — белиберда. Пожмешь плечами, перелистнешь страницу.

Так же бывает и со снимками. У меня накопился целый файл фотографий, на первый взгляд ничем не примечательных, но за каждой прячется целая история.

Вот вам маленькая загадка.

Чем интересен этот дагерротип, сделанный в 1840 году?

Неправильный ответ: тем, что на групповом снимке никто не моргает и все очень правдоподобно изображают естественность, а дядя в очках даже как бы непринужденно наклоняется (в этой позе он должен был проторчать примерно минуту).

Неправильный ответ: главный интерес представляет почтенный старичок в центре. (Это невеликий швейцарский композитор Макс Келлер).

---

* Хокку посвящено смерти маленького сына поэтессы, которая после этого стала монахиней.

Правильный ответ: цепенеем от старушки в чепчике, которая сидит слева.

Подсказка: вот она же на портрете 1782 года, в двадцатилетнем возрасте.

Догадались, кто это?

На старинном дагерротипе, найденном в муниципальном архиве баварского городка Алтеттинг, запечатлена* (у историков были сомнения, но теперь это точно установлено).

Из комментариев к посту:

---

fmn74

Люблю старые фото. Могу часами рассматривать. Храню даже те фото, на которых никого не знаю. И еще. Кто-нибудь задумывался над простой вещью, а именно: вот мне сейчас 37 лет. А где та девочка лет пяти? Или школьница с бантиками? Или первокурсница? ИХ НЕТ!!! Но я-то есть… Вот она вечность во всей красе как она есть. Перерождение, секунда за секундой, перевоплощение без всяких чудес.

---

vosto4 ny_veter

А разве так не со всеми старинными вещами? Они все с тайной, все со своей историей. Я вот люблю монеты. У меня есть монета 1864 года, она слегка помята сбоку, я все время пытаюсь понять, откуда на монете такая вмятина…

---

* Констанция Вебер, вдова Моцарта! Ей здесь 78 лет. Она намного пережила великого супруга, была второй раз замужем, а незадолго до кончины, навещая своего друга Келлера, минутку посидела перед диковинным аппаратом, честно стараясь не шевелиться.

Только увидев этот снимок, я окончательно поверил, что Моцарт был на самом деле, и любил свою некрасивую «женушку», и сочинил «Реквием», заказанный черным человеком, и вскоре после этого умер. Представляете? Всё правда!

kodv83

Недавно моей маме в голову пришла мысль в своей комнате на стене из фотографий сделать наше генеалогическое древо. Получилось довольно интересно. Тем более некоторых из людей я никогда в своей жизни вживую не видел. И вот сейчас, когда я смотрю на них, мне кажется, что эти люди смотрят на меня из прошлого. Порой становится жутковато.

---

rezoner

После того, как я узнал, что моя бабка, приехав из деревни в Москву в 1917 году, поселилась в одном доме с дочерью Пушкина, уже ничему не удивляюсь:) Рука, протянутая в прошлое, встречает руку, протянутую в будущее из очень старых времен.

Утонуть в пустыне (Из файла «Прототипы»)

29.03.2011

Если бы я написал роман об этой женщине, название обязательно получилось бы по-восточному цветистым и избыточным. Что-нибудь вроде «Загадочная жизнь и невероятная смерть Махмуда Саади, известного гяурам под именем Изабеллы Эберхардт».

Давайте сначала я коротко перескажу вам биографию русской девочки (она прожила всего-то 27 лет) с нерусским именем — точно так же, как впервые прочитал это жизнеописание я сам. И ничему не поверил, потому что всё выглядело абсолютно неправдоподобным. Я стал копать, вникать в подробности, разбираться в парадоксах, и оказалось: всё так и было. Что до загадок — большинство разъяснились, но некоторые остались нерасшифрованными.

Родным языком Изабеллы был русский, хотя в России она ни разу так и не побывала. Девочка родилась в Женеве 17 февраля 1877 года. Ее мать, жена престарелого генерала русской армии и сама (по меркам того времени) весьма уже немолодая дама, влюбилась в учителя своих детей, бывшего семинариста, и навсегда осталась с ним за границей. Представьте Одинцову и Базарова 15–20 лет спустя: они сошлись в гражданском браке, и у них родилась девочка, поздний ребенок.

Семья, в которой дети генерала и дети семинариста росли вместе, жила на большой запущенной вилле.

Девочка была заворожена арабским Востоком. Сначала один старший брат, потом другой вступили в Иностранный Легион и уехали в Магриб; их письма будоражили ее воображение. «Грустный зов Неведомого и Иного всегда манил меня», — напишет она впоследствии.

Изабелла стала писательницей в восемнадцать лет. Она начала публиковать в парижских журналах под мужским псевдонимом пряную, мечтательную прозу на восточную тематику еще до того, как побывала в Северной Африке.

Снимок из периода грез о Востоке

В 1895 году Изабелла уговорила мать отправиться в Алжир. И с этого момента тургеневский роман о мечтательной девице заканчивается, начинаются сказки Шахерезады. Что ни факт — чудо чудное, диво дивное.

Обе российские подданные — и мать, и дочь (естественно, по инициативе последней) — принимают Ислам. Потомственная дворянка Наталья де Мордер, урожденная Эберхардт, 59 лет от роду, берет себе имя «Фатьма Манубия». Изабелла же становится «Махмудом Саади»; отныне она почти всегда носит мужской арабский наряд.

В последующие годы Изабелла-Махмуд:

— путешествует верхом, иногда в одиночестве, по всему Магрибу;

— участвует в антифранцузском восстании;

— вступает в суфийское братство Кадрийя (нечто немыслимое и для европейца, и для женщины);

— несколько раз высылается французскими военными властями за антиколониальную пропаганду;

— оказывается жертвой покушения — религиозный фанатик наносит ей несколько ударов саблей;

— становится первой в истории женщиной — военным корреспондентом;

— выходит замуж за солдата-араба, с которым вынуждена находиться в постоянной разлуке из-за своих странствий.

Это уже не грезы: Изабелла в пути.
По-моему, не очень похожа на мужчину

А про последний эпизод в жизни Изабеллы Эберхардт я расскажу чуть подробнее, ибо он показался мне уж вовсе фантастическим.

Осенью 1904 года Изабелла после очередной восьмимесячной разлуки встретилась с любимым мужем в маленьком городке Айн-Сафра, находящемся в пустыне на юге Алжира. Через два часа после того, как супруги соединились, *в пустыне началось наводнение, и Изабелла утонула*.

Когда я прочитал про потоп в пустыне, у меня возникло твердое ощущение, что вся эта life story — глупая мистификация.

Здесь сплошь одни загадки:

1) Две европейские женщины по собственной прихоти вдруг взяли и приняли мусульманство? Что за странная блажь? Да и возможно ли такое в принципе?

2) Можно ли поверить, что женщина год за годом успешно выдавала себя за мужчину? Судя по портретам, хрупкая Изабелла не больно-то была похожа на гермафродита.

3) И вообще: может ли *европейская женщина* выдавать себя за *арабского мужчину*? Что, арабы такие идиоты? Даже не способны разобрать иностранный акцент?

4) С какого гашиша ряженую белую девицу станут принимать в члены мистической секты?

5) Ну и, конечно, главное: *утонуть*, извините, *в пустыне*? Где и жажду утолить иногда проблема?

Ответы на эти резонные вопросы — в следующем посте.

РАЗГАДЫВАЕМ ЗАГАДКИ (ПРОДОЛЖЕНИЕ ПОСТА ОТ 29.03.2011)

31.03.2011

Господи, каких только версий, пытающихся объяснить загадку Изабеллы Эберхардт, я не встречал.

Исследователей и исследовательниц очень занимал интимный аспект приключений храброй путешественницы-травести. Из воспоминаний известно, что, помимо прочих экстравагантных причуд она еще и шокировала современников «непристойным поведением» — открыто заводила романы с мужчинами, причем отдавала предпочтение арабам (двойной скандал для ханжеского и расистского колониального общества).

Согласно одной версии, ларчик просто открывался: вся тайна Изабеллы Эберхардт заключалась в ее пристрастии к «содомизму», то есть анальному сексу, сурово осуждавшемуся европейской моралью и не возбранявшемуся на Востоке. По другой теории, Изабелла, подобно Жанне Д'Арк, страдала аменорреей (отсутствием месячных), что помогало ей как во время длительных путешествий в мужской компании, так и при любовных утехах.

До чего же я не люблю умников, норовящих свести тайну неординарной личности к какой-нибудь физиологической аномалии! Мне совершенно наплевать, как там было у «Махмуда Саади» с менструальным циклом и сексуальными преференциями. А на перечисленные в первой половине поста вопросы нашлись внятные ответы.

Девочка выросла в очень странном доме. Ее отец, Александр Николаевич Трофимовский, был эрудит, полимат и полиглот. Он не пускал дочь в школу, «чтобы ее не испортила цивилизация», учил всему сам. Изабелла с детства кроме русского, французского и немецкого, знала арабский. Коран она вызубрила чуть ли не наизусть, отец воспитывал ее в почтении к Великой Книге. Впоследствии прекрасное знание священных текстов и лингвистические способности путешественнице очень пригодились.

С ранних лет Изабелла, единственная девочка среди братьев, донашивала за ними одежду и по-мальчишески стриглась. Отец, помешанный на опасностях, повсюду подстерегающих юную барышню, отпускал ее в город лишь в мужском платье — ему так было спокойней. Маскараду способствовала узкобедрая, плоскогрудая фигура.

Юная Изабелла в наряде юнги

Влияние Трофимовского, человека весьма эксцентричного, на формирование личности Изабеллы было очень велико, поэтому расскажу о женевском базарове чуть подробнее.

Превыше всего Александр Николаевич ставил независимость и свободу выбора, а бурные проявления чувств презирал. Когда его любимый сын Володя покончил с собой, Трофимовский отбил телеграмму: «Мой любитель кактусов умер» (юноша любил ботанику). Когда Изабелла на похоронах матери зарыдала и стала кричать, что хочет умереть, отец подошел и молча протянул ей револьвер. От такого папочки, я полагаю, не то что в Магриб — на тот свет сбежать можно. Однако характером при этом Изабелла несомненно пошла в отца.

Особенно удивляться тому, что она уговорила мать перейти в Ислам, не приходится. Наталья де Мордер в Женеве во всем слушалась сожителя, а в Алжире точно так же оказалась всецело под влиянием своей решительной дочки. И потом, как известно, принять мусульманство просто. Довольно в присутствии двух свидетелей сказать: «Нет Бога кроме Аллаха и Мухаммед — пророк его».

Следующая тайна — как Изабелле удавалось дурачить своим маскарадом арабов — объясняется совсем легко. Арабы отлично знали, что имеют дело с переодетой девушкой. Однако, согласно арабскому этикету вежливости, человека считают тем, за кого он себя выдает. Местным жителям даже льстило, что белая женщина так хорошо выучила диалект и старается во всем следовать обычаям, а шейх суфиев приблизил к себе липового Махмуда из уважения к неподдельной вере удивительной

Редкий снимок Изабеллы в «женском» виде. Так и хочется вслед за Кутузовым из «Гусарской баллады» сказать: «А девкой был бы краше!» (Хотя она тут, видимо, в парике. Обычно брилась наголо)

и храброй девушки, к ее недилетантским познаниям в Исламе. (Между прочим, покушение на жизнь Изабеллы было вызвано тем, что ее, не знаю справедливо или нет, фанатики считали любовницей вероучителя).

И про наводнение всё правда. 21 октября 1904 года городок Айн-Сафра стал жертвой редкого природного явления. В горах стаял снег, и по сухому руслу реки, совершенно неожиданно, в ясную погоду, хлынул мощный поток грязи и ледяной воды. Он был высотой в два или три метра, несся с бешеной скоростью, сметая всё на своем пути. В ветхом доме, где находились Изабелла и ее муж, рухнули балки. Его вытащили, ее — нет.

Наводнение выглядело вот так

Потоп в пустыне. Ужасно, но ничего мистического

А вводить в свою книгу персонаж, похожий на Изабеллу Эберхардт, я передумал, потому что история храброй, талантливой, абсолютно свободной женщины, будто по случайности попавшей в свое время из будущего, слишком хороша, чтобы декорировать ее вымыслом.

Вот французы сняли о ее жизни художественный фильм — вышло так себе.

По такому материалу следует «докудраму» снимать — получилось бы то, что надо.

Из комментариев к посту:

---

victor_larin

Мне кажется, что самое замечательное это ее поглощенность Востоком с детского возраста, и то, что она смогла это все осуществить. После этого и утонуть не страшно ни секунды. Именно поэтому эта история такая прекрасная. В сущности то, о чем втайне мечтает каждый человек: иметь призвание и реализоваться в нем. И перед такими людьми любые барьеры падают как картонные коробки.

Ну а что, история с переодеванием не кажется такой невозможной. Две небольших истории. В Афганистане есть традиция «делать» из девочки мальчика (если мальчика в семье не рождается) и все вокруг делают вид, что не замечают подмены, и девочка одевается и ведет себя как мальчик, и это спасает честь семьи. Очень сильно разработанный и развитый ритуал.

Вторая. В Брежневское время в Баку оперировала дерзкая банда грабителей. Ей руководила женщина переодетая мужчиной. Матерые бандиты дрожали от страха перед главарем, так как лют он был очень. Никто из них не подозревал, что главарь на самом деле был молодой и красивой женщиной.

---

anna_epshtein

Короче говоря, еще одна иллюстрация к тому, как родители могут изуродовать психику ребенка, если, конечно, постараются.

---

lobastova

Замечательная история.

В Израиле тонут в пустыне по нескольку человек в год. Во время дождя поток сносит все, что стоит у него на пути. Более того, иногда даже не надо, чтобы дождь шел прямо над тобой. Дождь может идти за 10-ки километров в горах, а пустыню затапливает. Это очень страшно и опасно.

Особенно часто люди тонут на джипах. Человек думает, что «раз я в джипе, я проеду», но не тут-то было.

В плане аварий и техники безопасности человек может все — можно отморозить ноги в пустыне, можно получить сотрясение мозга от шлагбаума открывающегося только вбок на уровне талии, можно получить ожог мужского достоинства от гильзы соседа по стрельбищу… Всего не перечесть.

К ВОПРОСУ О ТЕОРИИ ВРЕМЕНИ

4.04.2011

На днях я встретился с прошлым. Побывал на концерте Джоан Баез. Если бы это произошло в Москве, Лондоне или Париже, вряд ли я остался бы под таким впечатлением. Но концерт был в Бретани, в городе мне малознакомом, а для Джоан Баез, я полагаю, вовсе чужом. От этого возникло иррациональное ощущение, будто она приехала специально — посмотреть, как я прожил без нее эти сорок лет.

Я купил пластинку прогрессивной певицы, поющей для простых американцев и борющейся за мир во всем мире, в магазине «Культтовары» близ метро «Кузьминки». Мне было шестнадцать, я учился в десятом классе. Фирма «Мелодия», редко баловавшая советский народ чем-нибудь живородящим, расщедрилась на LP с двумя десятками песен. Я прослушал каждую раз по тысяче, расшифровал все слова (иногда неправильно) и выучил наизусть. Я до сих пор их помню: “She cried: Oh, Willy, don’t murder me, I’m not prepared for eternity”. “They called her Handsome Mary, the Lily ot the West.“. И так далее.

Странное было время. И страна, в которой я жил, была странная. С одной стороны — ленинские уроки и «хлеборобы засыпали в закрома Родины»; с другой — тоска по тридевятым землям, где ровесники собираются в Вудстоке, где across the nation such a strange vibration, а если едешь в Сан-Франциско, обязательно wear some flowers in your hair. В общем, здесь тоска и мертвечина, а там свежее, настоящее и прежде небывалое. Гудбай Америка, где я не буду никогда.

Поэтому мои приятели-студенты рисовали на с трудом добытых джинсах знак борьбы за мир и перевязывали волосы шнурком, а я, хренов хиппи с комсомольским билетом, отрастил прическу афро и выглядел вот так:

Это я еще подстригся

В семидесятые очень многие в Советском Союзе слушали песни Джоан Баез — спасибо безымянному редактору фирмы «Мелодия», убедившему начальство, что Баез почти такая же прогрессивная, как Дин Рид и Анджела Дэвис.

Потом у нас даже появилась собственная JB — Жанна Бичевская, и все радовались, когда она пела про догадливого есаула в стиле кантри, а Баез уже считалась вчерашним днем. Потом у Жанны Бичевской уехал терем, и ее тоже слушать перестали. Потом оказалось, что Америка не гудбай, а хеллоу и что нет ничего волшебного в «тертых джинсах».

В общем, как пишут в романах, шли годы.

И вот их прошло без малого сорок, гастрольный тур семидесятилетней JB случайно пересекся с моим вакационным маршрутом (а мне-то уже вдвое больше, чем ей было тогда), и пошел я на концерт, думая, не зря ли я это делаю. «По несчастью или к счастью, истина проста: никогда не возвращайся в прежние места. Даже если пепелище выглядит вполне, не найти того, что ищем, ни тебе, ни мне», — предостерегает поэт и хочет вообще запретить «путешествие в обратно».

Поэт не прав. Возвращайтесь в обратно, не бойтесь.

Во-первых, я увидел полный зал людей своего примерно возраста, и все они тоже помнили те песни наизусть, подпевали. Бретань от этого сразу стала мне как-то ближе.

Во-вторых, на сцену вышла не старушка с треснувшим голосом, а всё та же JB, только седая. Она, правда, хромала. Но все сразу поняли, что она всё та же, когда JB объяснила, отчего хромает. Оказывается, она построила на ветвях старого дуба гнездо и ночует там иногда, чтобы чувствовать себя ближе к звездам. Ну и навернулась.

По-французски Баез говорила примерно так же, как я: And she takes this road dans le ciel — это, вероятно, чтоб мне было понятней.

Сидел я близко. Мне было хорошо ее видно

Я вам всё это рассказываю не от фанского восторга, а потому что во время концерта было мне озарение или проще говоря видение.

Я вдруг понял, как устроено время. Оно напоминает изоляционную ленту, только она не разматывается с катушки, а наоборот наматывается на нее. Ложится всё новыми и новыми липкими, плотными слоями. Кажется, что их уже не раздерешь, обратно не отмотаешь. Но иногда бывает, что острое переживание прокалывает пленку, как иголка, и на миг вдруг оказываешься на одном из предыдущих витков. Это довольно сильное чувство.

Только что был во Франции, и вдруг снова оказался в Кузьминках. Мы вдвоем с Джоан Баез опять поем про даму в черной вуали, которая пришла на мою могилу. Мне шестнадцать, а Джоан выглядит вот так:

Из комментариев к посту:

---

ramaiana_dina

А мне мое прошлое видится, как будто в старом дощатом заборе отодвигается одна доска в сторону, и я в открывшееся «окно» наблюдаю какую-то сцену из своей жизни в былые годы. Посмотрела, закрыла «окно», и так до следующего раза. Иногда картинки открываются одна за одной, я понимаю, они связаны между собой, но по какой ассоциации, мне непонятно, но если присмотреться, можно всегда откопать между ними связь. Певцы, певицы, группы из прошлых времен всегда открывают очередное «окно» в мою жизнь. Мне нравится иногда возвращаться в прошлое вместе с какой-то известной личностью, по большей части такие возвращения очень душевные и теплые. Спасибо Вам за то, что поделились с нами своими ощущениями.

---

narval

О, как я Вам завидую, если бы Вы знали! Я обожаю Джоан Баез, и давно мечтаю попасть на ее концерт, но к нам она точно никогда не приедет (не потому, что ей неинтересна Россия, а потому, что никто из наших промоутеров ее никогда не пригласит). Когда я впервые услышала ее песни (почти случайно), это было озарение. Какой голос, Господи ты Боже мой! И какая биография — успех в 19 лет, роман с Диланом, борьба против расовой сегрегации и против войны во Вьетнаме, марши, аресты, поездка во Вьетнам в разгар войны (где она попала под бомбежку), сотрудничество с Амнести Интернешнл, наконец визит в СССР и встреча с Андреем Сахаровым… да много ли еще чего было! И при этом она до сих пор продолжает выступать и ежегодно ездит с концертами по Америке и Европе. И все так же красива и очаровательна. Про голос я уж молчу!

Я в свое время делала о ней передачу на радио, и с тех пор мечтаю услышать ее живьем. Ради этого можно и пол-Европы проехать:)

Свечное сало и пушечное мясо (Из файла «Привычки милой старины»)

12.04.2011

Эпоха императора Наполеона считается временем романтическим. Исторические романы и фильмы, стихи про кавалергардов, чей век недолог, и про очаровательных франтов, чьи широкие шинели напоминали паруса, Андрей Болконский с веселым маршалом Неем и графиня Валевска с мадам Ленорман, а пуще всего волшебная сказка о маленьком артиллерийском поручике морочат всем нам голову вот уже несколько поколений.

Ослепительный взлет Корсиканца достиг высшей точки в 1810 году, когда вся континентальная Европа была ему подвластна, монархи считали честью состоять в его свите, а самый высокородный из них, император австрийский, отдал за выскочку свою юную и нежную дочь Марию-Луизу. Сияние этой свадьбы озарило своими огнями не только Париж, но и весь мир.

Кое-что пикантное об этих дивных огнях сообщает медицинский журнал "Lancette" столетней давности. Тайна, на целый век закупоренная в судебных архивах города Парижа, раскрылась, когда все, кто мог ей ужаснуться, давно умерли.

Оказывается, знаменитая иллюминация, залившая светом Париж по случаю августейшей свадьбы Наполеона Первого, была несколько людоедского свойства.

Некий служитель анатомического кабинета при медицинской школе (туда свозились невостребованные трупы из всех госпиталей) долгое время приторговывал человеческим жиром. Поскольку, как пишет журнал, человеческое сало «недостаточно плотное и жидковатое», экспериментатор смешивал его со свиным и бараньим. Получался неплохой смазочный материал, а свечной так просто отменный. Свечное сало для

Та самая иллюминация

той эпохи было таким же ходовым и жизненно необходимым товаром, как сегодня электричество.

Следствие, произведенное в 1813 году, с ужасом установило, что светильниками именно из этого сырья в вечер свадьбы были иллюминированы Люксембургский дворец, берег Сены и правительственные здания. Полиция так напугалась своего открытия, что засекретила данные. Семь тонн арестованного товара были тайно вывезены и зарыты за городской чертой.

А по-моему, зря они это. Получилось очень складно: главный поставщик пушечного мяса рассекал да зажигал при свете человеческого сала.

Из комментариев к посту:

---

maite357

Какая этим жмурикам была разница — на свечки пойти или на корм червям в общей безымянной яме? По мне так, свечками на society wedding of the year куда как веселее.. 8)

Ужасаться нужно, когда у всех на глазах гробят тех, кто мог бы жить и жить…

---

tantovitali

Не понимаю, что за ужас и смятение в комментариях? Подумаешь, город подсветили… Прекратите есть мясо, носить кожаную одежду и обувь, пользоваться кремами, мыться мылом и т. д. ..:)Vive la France! Vive Napoléon!:)

Русский и японец как братья (Карамазовы)

18.04.2011

В продолжение предыдущей темы — об уникальности/неуникальности всякой отдельно взятой черты национального характера.

Однажды я выступал в РГГУ в паре с профессором Камэямой, который в восьмой (!) раз перевел на японский «Братьев Карамазовых». Перевод стал в Японии мегагигабестселлером, за первый же год было продано больше миллиона экземпляров.

Икуо Камэяма с Достоевским попали в новости

Из публики спросили, чем я объясняю столь жаркую любовь японцев именно к этому роману. Я честно ответил: понятия не имею. Потом начал про это думать. И вот какая у меня возникла гипотеза. Не знаю, покажется ли она вам убедительной.

С легкой руки Достоевского, который сложил химическую формулу «истинной русскости» из трех главных ингредиентов (Митино «Широк человек», Иваново «Если Бога нет», Алешина «Слеза ребенка») и, во имя объективности, кинул в этот гремучий раствор горстку федоркарамазовской грязи и щепотку смердяковщины, весь мир вот уже 130 лет спорит, какой из карамазовских компонентов нашего нацхарактера самый русский. Разумеется, лидирует Митя с его безудержностью в высоком и низком, хорошем и плохом.

Карамазовская триада: Удаль, Умничанье, Духовность

Видимо, так оно и есть. Выражаясь поэтически, Размах, а выражаясь сухо, «отсутствие чувства меры», действительно является международно констатированной (и не отрицаемой нами) типообразующей чертой т. н. Русской Души.

Свод исконно русских максим выглядит примерно так:

Казнить — так казнить, миловать — так миловать
Рубить — так с плеча
Любить — так королеву, украсть — так миллион
Кто не рискует, тот не пьет шампанского

И прочее подобное.

Вот это по-нашему!

В отечественной истории этот атрибут национального своеобразия не раз бросал страну из одной крайности в другую: уж коли свобода, то полный хаос, уж если порядок — то автократия или диктатура.

Оборотные стороны отсутствия чувства меры — дубовая упертость и героическая стойкость. Из-за непробиваемого, тупого упрямства возникали холерные и картофельные бунты. Из-за него же устояли в 1812 году после (что бы там ни писал Лев Николаевич о «моральной победе») тяжелого поражения при Бородине; и еще раз в 1941 после уничтожения регулярной Красной Армии; не сдали Ленинград; отстояли Сталинград.

Эта коренная черта русскости в одних ситуациях вызывает безумное раздражение, в других — горячее восхищение. Мы-то на себя за нее не раздражаемся, а гордимся, что во всём нам хочется дойти до самой сути: в работе, или там в поисках пути и уже тем более в сердечной смуте.

Но есть на свете нация, вроде бы мало на нас похожая, однако наделенная этим обоюдоострым качеством в еще более сильной мере. Как вы догадались из заголовка, это японцы. Один токийский экспат британского происхождения когда-то изложил мне целую теорию исторической обреченности японского модуса вивенди, потому что «они никогда не умеют вовремя остановиться». Ну, понятно: для англичан, чемпионов сдержанности, худший грех, когда кто-то “never knows when to stop”.

Особенно выпукло дефицит чувства меры у японцев, как и русских, проявлялся в периоды тяжких военных испытаний. Про массовое производство героев-летчиков я уже писал, теперь расскажу еще об одном сугубо японском проявлении беспредельного максимализма.

В советские времена был дурацкий анекдот про партизанский отряд, который до сих пор блуждает по белорусским лесам, взрывает поезда и отстреливает полицаев, потому что «связной не вернулся, а рация сломалась». Еще был вполне реальный случай во время Первой мировой: при поспешной эвакуации Брест-Литовска в подземном складе забыли часового, и тот до конца войны оставался на своем посту. В третьем что ли классе, после чтения рассказа Леонида Пантелеева «Честное слово», нам приводили эту историю в качестве не литературного, а подлинного примера потрясающей верности долгу, и мы потрясались, ахали.

А японцам упорство часового показалось бы нормальным поведением. У них после войны этаких непреклонных партизан и стойких оловянных солдатиков было пруд пруди.

Хотя 15 августа 1945 года была объявлена капитуляция, отдельные отряды императорской армии, оказавшиеся в отрыве от своих, еще долго продолжали воевать с американцами. Известия о конце они считали вражеской пропагандой.

Отряд капитана Сакаэ Обы на острове Сайпан согласился сложить оружие лишь в декабре 1945, после полутора лет боев в окружении

Известно, что крупное соединение Квантунской армии, около 15 тысяч человек, оборонялось от китайцев в горах Маньчжурии аж до конца 1948 года.

В джунглях Индокитая, Филиппин, Индонезии одичавшие японские вояки воевали с местными жителями и американцами (или просто прятались) в течение долгих лет. Сначала их было много. Но кто-то умер, кого-то подстрелили, кто-то был пойман и отправлен на родину.

И всё же не сдавшиеся попадались в глухих лесах еще и в семидесятые годы.

В январе 1972 двое филиппинских охотников наткнулись на капрала Сёити Ёкои. Он 27 лет бродил по лесам с винтовкой без патронов. Одежду делал из коры. Питался орехами, лягушками, улитками и крысами. С большим трудом удалось его убедить, что война закончена, но капрал настоял на том, что оружие возьмет с собой — а как же, казенное имущество.

Это еще ладно, винтовка у капрала была безопасная. А вот лейтенант Хироо Онода, высадившийся с группой особого назначения на филиппинском острове Лубанг в декабре 1944, все 29 лет своего партизанства активно сражался. Бойцы его группы, один за другим, погибли. А лейтенант всё воевал. В разные годы он застрелил несколько филиппинцев, приняв их за американских агентов.

Специально для неуловимого Оноды с вертолетов сбрасывали газеты и листовки, увещевали его через динамик, но он не верил в провокации и держал порох сухим.

В 1974 году японский студент, некто Норио Судзуки, отправился посмотреть свет. Программа у него была такая: «Найти лейтенанта Оноду, дикую панду и снежного человека». Первый же пункт увенчался успехом. Молодому раздолбаю Онода почему-то поверил. Однако согласился сдаться лишь своему непосредственному начальнику, которого ради этого специально доставили на Филиппины. Местные жители вздохнули с облегчением. Их можно понять: у бережливого лейтенанта еще оставалось 500 патронов и несколько гранат.

Вот таким Онода засел в джунгли… …А таким вышел

Насколько мне известно, последнего японского партизана, капитана Фумио Накахиру, обнаружили на какой-то филиппинской горе аж в 1980 году, то есть аккурат к столетию выхода «Братьев Карамазовых».

Это я не очень изящно возвращаюсь к тому, с чего начал — к запоздавшему ответу на вопрос из публики.

Я думаю, что японцы так любят этот роман, потому что воспринимают Карамазовых действительно как братьев — *своих* братьев. И идеалист Алеша, и полоумный рационалист Иван, и уж в особенности неугомонный Дмитрий — персонажи совершенно японские.

Убедитесь сами:

Из комментариев к посту:

kulanov

Или наоборот: они, так же как и мы в Японии, ищут то, чего им недостает?

Или такой вариант: они знают, что их «заносит», но эта черта действительно не встречает понимания в цивилизованном мире — Америке и Европе. И вот находится, признанный теми же цивилизованными нациями великим, писатель, у которого в романах всё «через край», через надрыв. И становится понятно: да, и у нас ведь так бывает (и не только в годы войны! Значит, мы — правильные!

А скорее всего, действуют сразу все, в т. ч. приведленные Вами, мотивации + грамотный маркетинг.

Нет?

---

petrrrrrr

Да, общее есть и даже много.

Но как же отличаются результаты — везде чисто, красиво, аккуратно, тщательность в любых деталях, обязательность и вежливость, доброжелательность — все это по своему недолгому опыту пребывания в Японии.

Без знания языка (даже английского) и без денег (последние сутки) сутки гулял по Токио. И всю ночь. Все помогали, как могли — подолгу объясняли жестами и выражением глаз, пока не понимал, как проехать куда хотел. И побывал где хотел. У нас как-то мало себе такое представляю.

Про результаты в технике уж не говорю. Автомобили мы намного раньше начали делать … а зачем?

Или скажем мне ближе — сравнить катану и наши шашки… ((((

А вот литература — да, у нас великая. Тут им далеко до нас.

Так что как в сказке — старший брат — умный, а младший…

А какой мы? Судя по литературе — старший, умные вещи обсуждаем и пишем… А по делам судя… даже не знаю.

С ЛЮБИМЫМИ НЕ РАССЛАБЛЯЙТЕСЬ!

26.04.2011

Не столь давно, проходя мимо бубнящего телевизора, я минут на десять погрузился в душераздирающую историю семейного скандала. В студии все самозабвенно обсуждали развод какой-то неизвестной мне, но, видимо, звездной четы, которая никак не могла поделить имущество и что-то там еще, я толком не вник. Показывали и самих супругов. Не знаю, кто из них ангел, а кто диавол, осталось лишь общее ощущение поединка двух саблезубых хищников. Малейшая оплошность одной стороны вызывала немедленный удар когтистой лапы: не подставляйся, лузер! А подставился — пеняй на себя.

Till death do us part

Эти высокие отношения по не вполне очевидной ассоциации напомнили мне поучительную историю из журнала «Тэтлер», издававшегося известным остроумцем Ричардом Стилом (1672–1729) и, кажется, существующего под тем же названием поныне.

Выглядело гламурное издание начала 18 века вот так:

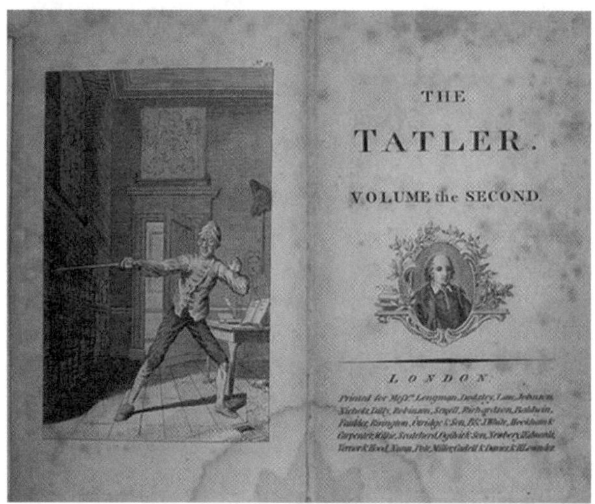
THE

TATLER.

VOLUME the SECOND.

LONDON:

В рубрике с незатейливым названием «From my own Apartment» (запись от 26 апреля 1710 года) Стил рассказывает один эпизод времен английской революции.

Некий капрал попал в плен к врагам. «А поскольку враждующие Стороны пребывали в таких Отношениях, что почитали захваченных Неприятелей не Пленниками, а Изменниками и Мятежниками, бедный Капрал был приговорен к Смерти, вследствие чего написал Письмо своей Супруге, ожидая неминуемой Казни, — рассказывает Стил с присущей эпохе витиеватостью. — Писал он в Четверг, казнить его должны были в Пятницу, однако, рассчитав, что Супруга получит Депешу не ранее Субботы,\...\Капрал изложил События в прошедшем Времени, что безусловно вносит некоторую Путаницу в Стиль, однако, учитывая Обстоятельства, Читатель простит Беднягу».

Письмо, отправленное как бы уже с того света выглядело так:

«Дорогая Жена,

Надеюсь, что ты в добром Здравии, как и я в Миг Написания. Сим сообщаю тебе, что Вчера, меж Одиннадцатью и Двенадцатью Часами, я был повешен и четвертован. Умер я, должным образом покаявшись, и Все сочли мое Поведение очень мужественным. Помяни меня добрым Словом моим бедным осиротевшим Детям.

Твой до Смерти

В. Б.»

Назавтра после отправки горестного письма капрала отбили однополчане, и он остался жив. Следующей же почтой воин поспешил обрадовать жену известием о своем спасении, однако оказалось, что за минувшие пару дней вдова успела вступить в новый брак. Судебный иск был безнадежен: в качестве доказательства своей юридической свободы дама располагала документом, который столь неосторожно послал ей расслабившийся муж.

Короче, отвечай за базар: повешен — значит повешен.

Из комментариев к посту:

---

antonowka

Слышала нечто похожее после теракта на Автозаводской. Некая женщина пришла на опознание погибших, узнала среди останков фрагменты своего мужа, получила свидетельство о смерти. А через какое-то время к удивлению друзей покойник вернулся домой. Оказывается, за день до теракта он объявил жене, что нашел свою любовь и уезжает к ней, за вещами и за разводом зайдет позже. А вещей к моменту возвращения уже и нет: безутешная вдова была единственным родственником и быстренько оформила наследство. Не знаю, смог ли он вернуться в мир живых юридически.

---

zozuzozu

Поучительная история))))) А чего ж Капрал расстроился? ему повезло дважды)))))

---

il_canone

По еврейскому закону мужчина, уходящий на войну, обязан оставить жене разводное письмо. Это делается для того, чтобы, в случае, если он пропадет без вести, у нее была возможность вступить в новый брак.

ПОЭТ-ЦАРЬ

2.05.2011

Тема «Поэт и царь» нам хорошо знакома, все варианты и разновидности ее досконально изучены: Пушкин — Николай, Пастернак — Сталин, Вольтер — Екатерина, Зеркальце — Царица.

Знаем мы из истории и сюжет «Царь-поэт» (это когда его величество балуется сочинительством, как Фелица, или лицедейством, как Нерон, или музыкой, как Иван Грозный). Однажды монарх (Марк Аврелий) даже оказался философом отнюдь не дилетантского уровня. Властитель, бряцающий на лире, это интересно. Но в гораздо меньшей степени, чем поэт, который сунул лиру под мышку и взял скипетр.

Мне, пожалуй, известен всего один подобный случай: Габриэле Д'Аннунцио — полновластный диктатор «республики Фиуме».

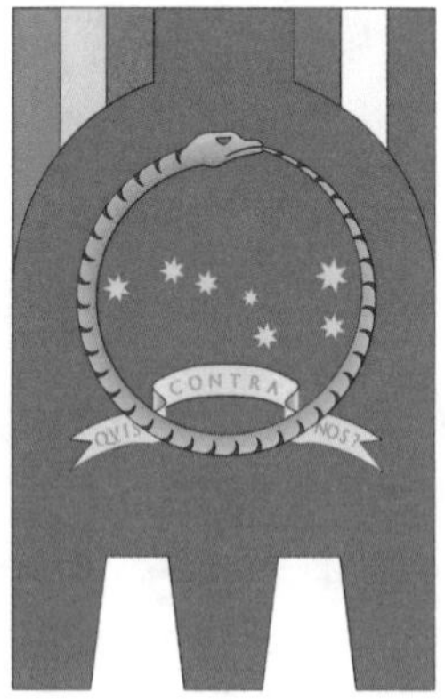

Флаг поэтической республики

В течение 15 месяцев Поэт был наделен неограниченной властью над большим количеством людей, принимал политические решения, устанавливал законы, провозглашал манифесты, награждал одних и карал других. Античный идеал Поэта-Правителя осуществился в неромантическом двадцатом веке.

И стало мне любопытно, как это всё происходило. И стал я про это читать книжки. И узнал много занятного.

В первой половине поста напомню, как разворачивались события. Про политтехнологические методики диктатора-декадента расскажу в следующий раз, а то получится слишком длинно.

Сразу видно — поэт!

Кто только не потешался над Игорем Северяниным, жеманно восклицавшим в 1915 году:

Друзья! Но если в день убийственный
Падет последний исполин,
Тогда, ваш нежный, ваш единственный,
Я поведу вас на Берлин!

Ну действительно, смехота. Вот он, гений (в бутоньерке хризантема, в руке лилия, где пузырится шампанское), топает в белых гамашах по направлению к Берлину, а за ним, спотыкаясь и роняя меховые боа, цилиндры и веера, марширует толпа грезэрок, кокаинистов и прочих прожигателей жизни. Грозный тевтон в ужасе бросает «Большую Берту» и улепетывает.

Однако Д'Аннунцио, не менее нежный, чем Северянин, и еще более единственный, взял да и устроил именно такой перформанс в реальной жизни.

Правда, Д'Аннунцио был не только нарцисс и позёр, но еще и легендарный храбрец, бессчетное количество раз дравшийся на дуэли и совершивший во время войны множество картинных подвигов. Однако это не делает поход на Фиуме менее фантастическим.

Оно, конечно: в те времена вся Европа съехала с глузда и уже мало чему удивлялась. Континент был покрыт свежими кладбищами, дымились руины, сыпались короны, повсюду бурлили революции. Троцкий с Лениным раздували мировой пожар, миллионы людей умирали от испанки. Женщины, воспользовавшись неразберихой, остригли волосы и стали носить платья выше щиколотки. Содом и Гоморра!

Мнения властителей дум разделились пополам: половина считала, что рождается новый мир, половина — что настал апокалипсис.

Но даже на этом живописном фоне эскапада великого и ужасного Габриэле потрясла мир. Д'Аннунцио был в высшей степени наделен талантом держать публику в саспенсе и исторгать у европейцев восторженное «ах!».

У поэта в 1919 году на повестке дня было два «проэкта»: либо идти маршем на Фиуме, либо совершить беспрецедентный для того времени авиаперелет в далекую Японию. Газеты взволнованно следили за колебаниями гения — что он выберет?

Поэту пообещали, что в Фиуме его выйдет встречать поголовно всё население с пальмовыми и лавровыми ветвями — как Иерусалим встречал Спасителя. Можно ли было устоять?

Что такое по сравнению с этим триумфом обожания какой-то полет в Японию? Участь Икара красиво смотрится только в легенде, а на практике свалиться в воду где-нибудь в пустынном уголке океана не очень-то приятно.

Зато на миру и смерть красна. В общем, Д'Аннунцио выбрал Фиуме.

Не стану тратить драгоценное мониторное пространство на описание истоков итало-югославского территориального конфликта. Если совсем коротко: город, большинство населения которого составляли итальянцы, оказался в югославском владении, и патриотам Италии это не понравилось. Для нас сейчас важен не исторический фон перформанса, но артистизм исполнения.

Д'Аннунцио осуществил римейк эпической драмы «Триумфальное возвращение Наполеона с острова Эльба». Он возглавил колонну пламенных энтузиастов (так называемые arditi, «страстные») и повел ее маршем на Фиуме. По пути войско всё время разрасталось. Правительственные войска, пытавшиеся остановить нарушителей порядка, не смогли устоять перед красноречием Д'Аннунцио и либо расступились, либо присоединились к маршу. Разумеется, поэт подставлял под ружья покрытую орденами грудь и призывал стрелять в нее. Разумеется, никто не стрелял, а все аплодировали.

Фиуме встречает поэта-лауреата

В общем, в сентябре 1919 года Поэт без единого выстрела вступил в рукоплещущий город во главе трехтысячного войска и объявил Фиуме итальянской провинцией, а когда Италия от такого подарка в ужасе отказалась (авантюра Д'Аннунцио дискредитировала правительство перед всей Европой), триумфатор провозгласил республику независимой и правил бал аж до декабря 1920-го, пока, наконец, не вернулся лесник и не вышиб всю эту экзальтированную шантрапу из Фиуме.

Герой и массовка

Это было, конечно, не бог весть какого размера государство, но все-таки важный порт с сопредельной территорией. Свое правительство, бюджет, армия и флот, законы — всё как положено.

Сорокатысячное население будто сорвалось с катушек и больше года добровольно участвовало в самом тотальном и самом продолжительном хэппенинге новейшей истории. Вудстоку такое и не снилось.

(Продолжение следует)

ВЕСЬ МИР — ТЕАТР

4.05.2011

Не зря Д'Аннунцио считался одним из самых знаменитых драматургов эпохи. В его царстве всё было зрелищно. Целый город превратился в постоянно действующий театр. Главную роль поэт, конечно, оставил за собой. Каждый божий день (верней, каждую ночь, потому что в ночной тиши голос далеко слышен) он произносил пламенные речи с балкона своего дворца. Поразительно, как оратору удавалось в течение долгих месяцев не надоесть своей аудитории — однако не надоел. Не будет преувеличением сказать, что жители Фиуме подсели на красноречие Д'Аннунцио, как на наркотик. Им хотелось еще и еще. Они восторгались и рыдали, хохотали и потрясали кулаками. Это ли не элизиум, о котором мечтают поэты?

Возвышенность речений диктатора была заразительна. Вскоре весь Фиуме изъяснялся его высокопарным стилем. Один анархист из числа граждан вольной республики потом со смехом вспоминал, что однажды в обычном разговоре вместо «четыре месяца» сказал «сто двадцать дней и сто двадцать ночей» — и только тогда понял, насколько он «аннунцировался».

Когда фиуманцы не внимали любимому герою, они сами становились актерами. Днем маршировали с флагами и цветами, ночью — с факелами. Запускали фейерверки, пели хором, танцевали. Специально приехавший Тосканини устроил для горожан грандиозный концерт. Маринетти и другие футуристы читали на площадях свои стихи (впрочем, эту публику Д'Аннунцио вскоре отправил восвояси — зачем Поэту конкуренты?)

Денег было много. Д'Аннунцио решал финансовые проблемы очень просто: его корабли нападали на грузовые пароходы и потом возвращали их за выкуп. Всякого другого морского шалуна обвинили бы в пиратстве — а тут поэт, большой ребенок, что с него возьмешь? За один только сухогруз «Конье», транспортировавший автомобили и дорогие товары, дуче получил 12 миллионов.

Да-да, это Д'Аннунцио впервые нарек себя титулом «дуче», а Муссолини впоследствии собезьянничал. У фашистов с креативностью дела обстоят так себе, поэтому Муссолини вообще

Поэт-диктатор произносит речь

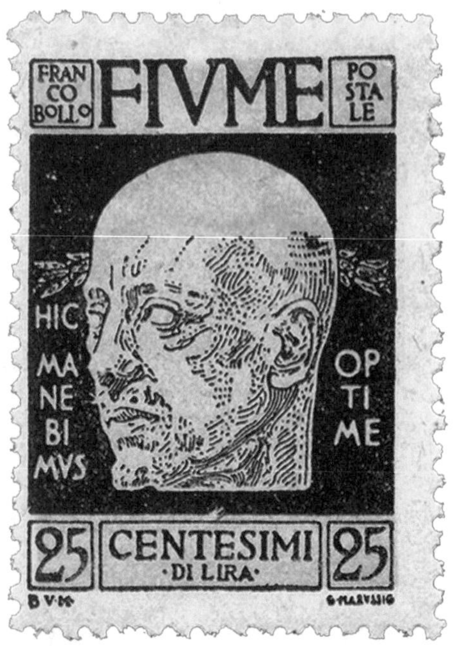

Выпустить почтовую марку — это важно

многое позаимствовал у нашего поэта: и знаменитые факельные шествия, и судьбоносный поход на Рим «второй дуче» сплагиатил.

Еще одно слово, знакомое нам совсем в другом значении, — Холокост. Д'Аннунцио называл свое княжество Городом Холокоста, но не в освенцимском, а в декадентском смысле. Мол, из Фиуме на прогнивший Запад хлынет всеочищающий апокалиптический огонь.

В сущности, адриатический спектакль 1919–1920 годов был потешной репетицией грядущих весьма непотешных событий.

Ах, как хорошо правилось Поэту в его праздничном государстве, откуда были изгнаны будни! В каждом доме — добровольно, не по принуждению — на почетном месте красовался портрет или бюст Великого Человека. Мужчины брились наголо, началась повальная мода на плешивость.

Суд Поэт вершил не по законам, которых не существовало, а по собственному «инстинкту справедливости». Был милосерден и снисходителен. Смертных приговоров в Фиуме не выносили, высшей мерой считалось изгнание за пределы республики.

Изгнанники покидали рай стеная и плача, зато прибывали всё новые и новые граждане, в основном молодые. Слух о сказочном княжестве разнесся широко.

Здесь всё время выпивали и закусывали, свободно продавался кокаин, царила неслыханная свобода нравов — непрекращающаяся пятнадцатимесячная собачья свадьба. На воде по ночам покачивались лодки с разноцветными фонариками, тротуары благоухали одеколоном. И все нарядные, в романтичных развевающихся плащах, в белоснежных шарфах и с непременным римским кинжалом на поясе. Серенады, дуэли, смех и песни.

Эффективная политтехнология: никого не карать, всех награждать

Когда читаешь про жизнь города Фиуме при диктаторе Д'Аннунцио, начинаешь сентиментально думать: а может, пускай на земле правят поэты? Люди они, конечно, несерьезные, но ведь не хуже умников, которые строят концлагеря и затевают войны?

Увы, каникулы вечно продолжаться не могут. Непоэтичному итальянскому правительству надоел этот бардак, и однажды приплыл большой дредноут и пальнул по дворцу поэта настоящим снарядом. Д'Аннунцио, тучка золотая, обиделся и уехал. «Утром в путь она умчалась рано, по лазури весело играя», а город Фиуме вернулся к своей скучной провинциальной жизни.

Из комментариев к посту:

---

anna_epshtein

Потрясающий человек, а итальянское правительство, как водится, болваны. Они попросту перетрусили, что такая личность может и Италию возглавить, а всю их гоп-компанию с почетом проводить на пенсию, с него бы сталось. Жаль, не довелось встречать его с самой большой пальмовой ветвью наперевес.

---

yaroslavtur

Поймал себя на какой-то боязливой зависти к тем сумбурным временам. Конечно, поэт во власти, да еще окруженный экзальтированными соправителями — штука крайне сомнительная, даже тревожная. Но вот есть у нас власть, некоторые представители которой вообще не уверены в существовании поэзии. Здоровый, значить, практицизм так и прет. И что — это лучше?

Вообще — можно ли обозначить если не гениального, то хотя бы толкового правителя через набор качеств и характеристик? Или умение править — талант, способный прорасти на любой почве?

---

chereisky

На фиумской марке изображен знаменитый девиз Д’Аннунцио, позаимствованный у Тита Ливия, а тем — у Марка Фурия Камилла: Hic manebimus optime. По-латыни звучит прекрасно, а на русский труднопереводим. Мой вариант: Тут заторчим в кайф.

«СВЯТЫЕ ЛЮДИ»

10.05.2011

Думаю, что многие, подобно мне, понимающе усмехались, читая, как Лиля Брик откликнулась на солженицынский рассказ о чекистских палачах: «Боже мой! А ведь для нас тогда чекисты были — святые люди!»

Надо же, цаца какая, должно быть, подумали вы. Чекистов она, видите ли, святыми считала. Врет и не краснеет, старая бесстыдница.

Ладно. Лиля Брик мучила бедного Маяковского, много о себе понимала и обладала кошачьей живучестью. За это мы ее дружно не любим, доверия ей никакого нет.

Но вот натыкаюсь в дневниках Дмитрия Фурманова на любопытный пассаж. Пролетарский литератор записывает впечатления от разговора с Бабелем:

«...Потом говорил, что хочет писать большую повесть про ЧК.

— Только не знаю, справлюсь ли — очень уж я однобоко думаю о ЧК. И это оттого, что чекисты, которых знаю, ну... ну, просто святые люди, даже те, что собственноручно расстреливали... И опасаюсь, не получилось бы приторно. А другой стороны не знаю».

Бабель не Лиля Брик. Бабеля мы любим. Он написал одесские рассказы и был репрессирован. Чего это он тоже запел про «святых людей»?

Оно конечно, Исаак Эммануилович был человек хитрый и даже циничный.

(Не удержусь, уклонюсь от темы — приведу еще одну цитатку из дневника Фурманова. Как Бабель вешал лапшу на уши доверчивому литначальнику, трогательно лелеевшему свое скромное дарование.

Фурманов пишет: «Это золотые россыпи,— заявил он мне. — „Чапаев“ у меня настольная книга. Я искренне считаю, что из гражданской войны ничего подобного еще не было. И нет.\...\Вы сделали, можно сказать, литературную глупость: открыли свою сокровищницу всем, кому охота, сказали щедро: бери! Это роскошество. Так нельзя». Свой рассказ простодушный Фурманов заключает словами: «Простились с Б. радушно. Видимо, установятся хорошие отношения. Он пока что очень мне по сердцу».)

Такие лица у обоих, вероятно, и были во время этого разговора

Мог, конечно, Бабель правоверному большевику и про чекистов на голубом глазу подсюсюкнуть. Смущает термин, точь-в-точь повторенный Лилей Брик сорок лет спустя. Похоже, что в кругу этих ярких, злоязыких и, мягко говоря, неглупых людей подобное определение было в ходу. Не думаю, что в ироническом контексте, и вряд ли из страха перед стукачами. Времена (середина двадцатых) были пока еще относительно нестрашные. Мне кажется, что Бабель и вообще литбратия действительно считали чекистов святыми.

Ужасом и восхищением пронизан рассказ Бабеля «Фроим Грач». Там, кто не помнит, описано, как 23-летний рыцарь революции Симен, председатель одесской ЧК, в минуту, безо всякого разбирательства, поставил к стенке легендарного налетчика, пришедшего к нему просто «поговорить по-человечески». Во втором чекисте, следователе Боровом, легко угадывается сам автор. Этот маленький рассказ многое объясняет и про «святость», и про пиетет по отношению к чекистам.

Справа — ЧК, где «вывели в расход» одесскую легенду

Симен говорит потрясенному расправой Боровому: «Ответь мне как чекист, ответь мне как революционер — зачем нужен этот человек в будущем обществе?» «Не знаю, — Боровой не двигался и смотрел прямо перед собой, — наверное, не нужен...»

Но самое страшное, на мой взгляд, не это, а следующие два предложения, которыми заканчивается рассказ:

«Он [Боровой] сделал усилие и прогнал от себя воспоминания. Потом, оживившись, он снова начал рассказывать чекистам, приехавшим из Москвы, о жизни Фройма Грача, об изворотливости его, неуловимости, о презрении к ближнему, все эти удивительные истории, отошедшие в прошлое...»

В этом для меня весь Бабель: «*потом, оживившись*»...

Бог с ним, с несчастным Бабелем. Во-первых, он дорого заплатил за свою очарованность стальными людьми, а во-вторых, мой пост не про литераторов, а про «святых чекистов».

Тут всё очень непросто. Мы можем сколько угодно потешаться над советскими фильмами про гражданскую войну, ненавидеть картавых ильичей и железных феликсов, но что правда, то правда: большевики первых лет революции, во всяком случае многие из них, были бессребрениками и аскетами, безжалостными не только к врагам, но и к себе. Если б они думали о собственном брюхе, то не удержали бы власть и не победили бы своих опытных и мужественных противников. Победить в гражданской войне возможно, только если за тобой идет народ. А народ в час испытаний идет лишь за теми, кто вызывает уважительное изумление абсолютной верой, бесстрашием, самоотверженностью: за пророками, подвижниками и святыми.

Вот они, «святые люди» Лили Юрьевны и Исаака Эммануиловича

И я стал думать, что, поскольку мироустройство дихотомично и на всякий Ян сыщется свой Инь, в черной половине бытия тоже должна иметься своя агио-иерархия. У Дьявола (если вас раздражает мистицизм — у Зла) обязательно есть собственные святые разного ранга. Они обладают тем же набором замечательных качеств, что и святые Добра: бескорыстны, несгибаемы, с пламенем на устах и пылающим углем в груди. Они столь же сильно воздействуют на умы и души — в особенности художнические, потому что люди искусства падки на демоническое и фактурный Воланд их завораживает больше, чем тихий Иешуа.

Святыми Зла, вероятно, были Друг Народа Марат и Неподкупный Робеспьер, которые во имя великой идеи Свободы-Равенства-Братства истребили тысячи несознательных соотечественников. Из той же породы, мне кажется, и Дзержинский. По свидетельству встречавшихся с ним людей он был чрезвычайно скромен в обиходе, безжалостен к себе, отнюдь не жесток, но то, что творила его Чрезвычайка во имя светлого будущего, не поддается описанию.

Рыцарь революции

И рыцарственное обхождение с «классово чуждыми» дамами

В ЧК ленинского периода (и, шире, в партии) деятелей, подобных Дзержинскому и бабелевскому товарищу Симену, было много. Их электричество заставило содрогнуться весь мир, породило не только новые формы диктатуры, но и новые формы искусства, чуткого ко всякой сильной энергетике.

Потом, конечно, на смену «святым людям» пришла прагматическая и цепкая генерация сталиноидов. Этим заканчивается всякая революция. Я могу точно назвать дату, когда время большевистского аскетизма официально завершилось: 9 февраля 1932 года секретным постановлением Политбюро был отменен «партмаксимум», мешавший советскому чиновничеству радоваться жизни. Всё встало на свои места. Зло стало довольствоваться услугами несвятых порученцев, которые в конце концов разменяли большевистский драйв на партзарплаты «в конвертах», персональные пайки и спецдачи.

Святые рыцари Зла, впрочем, в мире не перевелись. Просто они сменили одни доспехи на другие. Именно к этой категории относятся современные террористы: фанатики, которые во имя Идеи (не имеет значения, какой именно) взрывают себя вместе с ни в чем не повинными людьми.

Святые от Дьявола — это подвижники Идеи, которая *больше человека*. Вот признак, по которому безошибочно определяется черный цвет нимба.

У святого со стороны Добра никакая, даже самая распрекрасная идея не может быть больше человека. И никогда святой от Добра не пожертвует ради Идеи жизнью другого — только своей собственной.

Из комментариев к посту:

---

tsarev_alexey

Есть слепые, которые видят не то, что есть, а то, что кому-то хочется (они обычно снизу); есть зрячие, которые видит, что есть, но соглашаются врать из инстинкта самосохранения и т. д. (они обычно повыше); остальные (те, кто видит и не соглашается), как правило, вымываются, и система потихоньку становится тоталитарной. Умножаем на некоторый длительный промежуток времени для формирования соответствующих привычек — и на выходе получаем уже рефлексы. «Стальные глаза, холодная голова, горячее сердце, чистые руки» и дальше с песнями…

---

imageobserver

Добро и Зло вообще очень условные категории. Уж слишком они абстрактны. Поэтому не верю ни в святых, ни в альтруистов. Если человек отказывается от своей жизни, от этой пошлой мещанской жизни, с семьей, с детишками, с бытом, который заедает, и жертвует собой ради Большего Добра, значит что-то с этим Большим Добром не так. Жертвуя собой «ради других», человек пытается навязать этим другим свою жертву, а значит, свое понимание, что есть Добро с Большой Буквы. Если бы мы не навязывали друг другу свои ценности (мы им — свою Демократию, они нам — свою Духовность), а просто жили, и любили бы тех, кто рядом с нами, а не абстрактное Человечество, мир был бы лучшим местом.

---

ludamiro

«И никогда святой от Добра не пожертвует ради Идеи жизнью другого — только своей собственной.»

Шахиды жертвуют своей, прежде всего СВОЕЙ, жизнью во имя ИДЕИ, а гибель других людей для них индульгенция для входа в рай. Но со святостью это не имеет ничего общего. Это безумный фанатизм. Да и все революции подпитываются энергией фанатиков Идеи. И ничего общего с добром и святыми этот фанатизм не имеет. Люди сгорают в пламени революции как поленья в печи. А потом на пепелище создаются легенды и мифы о Зле и Добре. Только почему-то Зло иногда выглядит как Добро, и наоборот. Да и есть ли в Жизни чистое Зло и чистое Добро?

ЗАБЫТЫЕ ГЕРОИ

6.06.2011

У меня, как у всякого литератора (и вообще всякого человека), есть набор тем, на которых я, что называется, зациклен. Думаю, вы знаете этот синдром по себе: воспринимая новую информацию, вы ее эмоционально «фильтруете» — какие-то явления просто принимаете или не принимаете к сведению, от других начинаете вибрировать. Таковы и мои впечатления от Севастополя. Мое зрение было заранее сфокусировано на вещах, которые никогда не оставляют меня равнодушным. Вас в этом многослойном городе наверняка зацепило бы что-то иное, своё. В общем, у кого что болит, тот о том и говорит.

Одна из тем, давно не дающих мне покоя, это несправедливость истории. (Отчасти мы касались ее, когда обсуждали национальных героев).

Да, разумеется: я отлично знаю, что память потомков избирательна и формируется случайным, а то и тенденциозным образом. Сплошь и рядом на роли героев попадают персоны, этого звания не заслуживающие. Меня удручает не это. Ну, пользуются посмертной славой придуманные политработниками 28 панфиловцев. Пускай, не жалко.

Но как же бывает горько, когда проглянет из прошлого краешек чего-то по-настоящему героического, но забытого или вовсе не замеченного.

В Севастополе получилось так, что эта чувствительная для меня тема возникла дважды за один и тот же день.

Когда я осматривал Балаклавскую бухту (надо было для работы), мой консультант В. Н. Гуркович, специалист по крымской истории, вдруг начал с жаром и чуть ли не дрожью в голосе рассказывать про невероятное сражение, разразившееся на балаклавских холмах 14 сентября 1854 года. Сотня солдат, в том числе отставников-инвалидов, с четырьмя пушчонками в течение многих часов вела бой со всей наступающей британской армией, да еще и эскадрой в придачу. Командовал балаклавцами подполковник Матвей Манто. Он вместе с другими ранеными в конце концов был захвачен в плен, где героев содержали с большим почетом.

Владимир Николаевич сравнивал этих солдат с фермопильскими спартанцами, призывал меня написать про подполковника и говорил, что сам-то пишет о нем много лет, но никому это не нужно. Мне показалось, что это главная обида жизни моего консультанта. Я уважаю такие обиды: когда человек оскорблен не за себя, а за кого-то, кто давным-давно умер, не сват, не брат и даже не предок.

Очень странно, конечно, что героическая оборона Балаклавы не стала хрестоматийным эпизодом российской истории. Может быть, причина в том, что большинство гарнизонных солдат были греками, и с официальной точки зрения казалось неприличным прославлять инородцев, когда христолюбивое воинство терпит поражение за поражением. А может быть, просто рядом не оказалось полезного очевидца в лице какого-нибудь флигель-адъютанта.

Ни портрета подполковника Манто, ни изображений того боя в просторах интернета я не обнаружил. Поэтому считайте, что герои запечатлены вот здесь:

Никто не забыт и ничто не забыто

Однако про балаклавскую оборону хоть какая-то память сохранилась. Я потом припомнил, что читал про это у Сергеева-Ценского и у Тотлебена.

Но в тот же день вечером сотрудник шереметьевского музея Данил Бержицкий показал мне нечто совсем уж щемящее. Музей (частный и, кстати сказать, очень хороший) находится на Северной стороне в бывшем Михайловском равелине, который после боев последней войны много лет находился в руинированном виде.

Михайловский форт до реставрации. Из коллекции Д. Бержицкого

Во время осмотра экспозиции я, уже забыл в какой связи, упомянул о своем хобби — люблю фотографировать старинные граффити (как-нибудь потом сделаю об этом пост). Данил сказал: «Тогда пойдемте на чердак. Кое-что покажу».

По дороге он рассказал, что во время ремонта на засыпанной землей и мусором крыше обнаружили семь скелетов: шесть наших, один немецкий. Идентифицировать останки не удалось.

На лестничной площадке мы остановились у стены, исписанной обычной для этого жанра словесности ерундой и жеребятиной.

Если бы не Данил, я нипочем бы не заметил.
А вы разглядите?

Видите? Под «КРИВЫМ», написано:

НАС ОСТАЛОСЬ ТРОЕ

(потом три неразборчивые фамилии; последняя похожа на «Жданов»)

УМЕРАЕМ ЗА РОДИНУ

Давно не видал зрелища грустнее.

Из комментариев к посту:

katerinafoto

С возрастом я стала иначе относиться к воинам. Как-то ближе и понятнее мне стали те люди, кто погиб за Родину. Школьное-фальшивое ушло. Осталось свое. Комок в горле, как услышу На сопках Маньчжурии, про героев, которые спят.

---

alise84

Григорий Шалвович, а в музее «35-я батарея» Вы были? Я только в этом году узнала, что там есть фото и письмо моего деда, который служил в авиации береговой разведки и не вернулся из полета за неделю до освобождения Севастополя. Хочу поехать туда и боюсь. Страшно все это трогать пока, как по живому резать. Вот, если б нашелся геройский предок с войны 1812 года, было бы полегче.

НАСТОЯЩИЙ ПАТРИОТИЗМ

10. 06. 2011

Слово «патриотизм» в сегодняшней России обычно ассоциируется с высококультурными, миролюбивыми, трогательно горячими в своей любви к Отечеству симпатягами, которые выглядят примерно вот так:

И добиваются они вот этого:

А я вам вот что скажу. Миндальничают и мелко плавают наши патриоты. Тому, кто всем сердцем обожает Родину, выгнать со своей священной земли вражину-оккупанта-непатриота мало. Настоящий патриот такого гада зажарит и съест. Думаете, шутки шучу?

Я вот вам сейчас расскажу, что такое Настоящий Патриотизм.

Произошла эта славная история не в диких джунглях и не в древние времена, а в просвещенной Франции 1870 года. Шла война с пруссаками. Патриотически-верноподданнические чувства у французов клокотали и булькали. Чем дальше от сражений, тем сильнее. А где в глубоком тылу найдешь врага, чтобы отвести на нем патриотическую душу? Трудно.

На деревенскую ярмарку в идиллической Дордони приехал 34-летний помещик Ален де Монеис д'Ордьер. Он был не чужак, а известный в тех краях человек, муниципальный советник, и все местные жители, в общем, хорошо к нему относились (что делает дальнейшие события еще более невероятными, даже мистическими). Правда, был канун монархического праздника, и публика успела изрядно налакаться, выпивая за здоровье его величества Национального Лидера, а известно, что употребление спиртных напитков благотворно сказывается на градусе патриотических эмоций.

Кто-то бдительный случайно подслушал, как кузен Алена де Монеиса читает вслух газету, где говорилось об очередном поражении французской армии. Этого оказалось достаточно. Ни в чем толком не разобравшись, патриот завопил: «Держи предателя! Это пруссак!».

Ален попытался объяснить сбежавшимся со всех сторон людям, что произошла ошибка. Но лица у них, вероятно, были, как на верхней фотографии — попробуй таким что-нибудь объясни. Кузен поступил умнее — дунул со всех ног и остался жив-здоров.

Все будто разом помешались. Кто-то якобы собственными ушами слышал, как де Монеис радовался германской победе и даже кричал «Да здравствует республика!». На оторопевшего дворянина посыпались удары: сначала кулаками, потом дубинами, мотыгами, железными крюками.

Невинная жертва высоких чувств

В течение целых двух часов несчастного таскали по всей ярмарке, избивая. Он был весь в крови, падал, его волокли по земле. Пытался бежать — догоняли. Вконец измученный, де Монеис стал умолять, чтобы его пристрелили. Но этого толпе показалось недостаточно. Они разожгли костер, бросили туда свою жертву и, по свидетельству очевидцев, некоторые особенно беззаветные патриоты рвали обугленное мясо зубами. «Мы делаем это для Франции!» — восклицали они.

Но Франция не сказала героям мерси. Монархия вскоре рухнула, национальный лидер отбыл в эмиграцию. Про патриотический каннибализм деревни Отфэ написали газеты.

Состоялся судебный процесс. Из толпы в 200 человек, растерзавшей Алена де Монеиса, под суд отдали два десятка самых активных. Четверо из них были казнены на том самом месте, где произошло преступление.

Неблагодарное отечество не оценило рвения

А французы до сих пор пишут о тех патриотических людоедах монографии и даже романы.

Например, вот этот, документальный

Всё пытаются разобраться, что за бес вселился в мирных богобоязненных соотечественников?

Разве патриотизм — это бес? Ведь нет же. В чем тогда дело? Может быть, мы просто называем этим почтенным словом нечто совсем другое?

Из комментариев к посту:

---

jip_cat

Все это лишь вопрос терминологии. Слово патриот само по себе не говорит о личных качествах имярека. Это как если преступник, убивший кучу людей, скажет: «Я посвящаю этот подвиг своей любимой мамочке».

---

churhchierarchy

Сейчас многие путают «патриотизм» и «идиотизм», прикрывая второе первым. Совершенно согласен с тем, что необходимо слову возвращать нормальное значение. Адекватный патриот любит свою страну/город/дом, но при этом не закрывает глаза на недостатки (а их не может не быть) и не начинает кричать, что это достоинства (вот это уже «неадекватный патриот», сиречь идиот). Он любит свою страну «несмотря на», и хочет/пытается эти недостатки устранить по мере своих сил.

---

ztatyan28

«Что за бес вселился в мирных богобоязненных соотечественников»

Психологи над этим много лет бьются. Даже термин специальный придумали — деиндивидуация — утрата человеком индивидуальности в определенных групповых ситуациях. В состоянии деиндивидуации у человека отказывают моральные ограничители, которые контролируют его поведение в повседневной жизни. Поэтому толпа способна на поступки, которые не совершил бы ни один отдельно взятый индивид. Факторы, провоцирующие деиндивидуацию: чувство анонимности, безнаказанности (вследствие распределения ответственности между членами группы) и физиологическое возбуждение.

❧ ИЗ КНЯЗЕЙ В ГРЯЗИ (И ОБРАТНО)

21. 06. 2011

«Аристократ в революции обаятелен», — сказал Петруша Верховенский. И он, конечно, прав. Красиво, когда баловень рождения встает на сторону униженных и обездоленных. Происходило такое не столь уж редко. Перечень революционеров-аристократов от маркиза Лафайета до принца Нородома Сианука довольно длинен. Военный путч 14 декабря 1825 года (который в случае победы несомненно привел бы к жесткой диктатуре) так мощно романтизирован потомками главным образом из-за нашего умиления перед титулами и гербами.

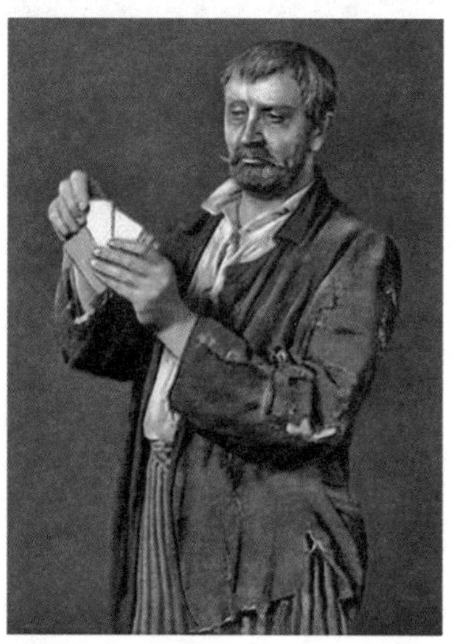

Опустившийся аристократ (В. Качалов в роли Барона)

Le Petit Journal

SUPPLEMENT ILLUSTRÉ

Le Petit Journal

DIMANCHE 20 OCTOBRE 1907

L'APACHE EST LA PLAIE DE PARIS

Парижский уголовник начала века

Гораздо более редкое явление — аристократ в уголовном мире. Не в отдаленно-историческом диапазоне, конечно (большинство графов и князей являются потомками удачливых средневековых разбойников), а в новейшей истории. Насколько удается сохранить обаяние аристократу, когда он становится рыцарем кастета и фомки, вот в чем вопрос.

Барон из пьесы «На дне» ни капельки не обаятелен, но он не уголовник, а просто слабый человек, неудачник. И вообще литературный персонаж.

Я вам приведу случай не из литературы, а из реальной жизни — на мой взгляд он отлично раскрывает природу истинного аристократизма.

Аристократизм часто путают с интеллигентностью, хотя качества эти во многом противоположны. Настоящий аристократизм — не учтивость и безупречные манеры, а повышенная выживаемость, умение не пропасть в любой ситуации, приспособиться к ней и вопреки всему снова вскарабкаться наверх. Это как бойцовские качества у бультерьера, закрепленные генетикой. Там где интеллигент сгинет (причем одним из первых), аристократ выживет. Но моя история — из разряда не трагедий, а скорей плутовских романов.

Гаэтан Лербон барон де Люссац был отпрыском одной из самых знатных и почтенных южнофранцузских фамилий. После смерти отца (тот и вовсе был маркиз) семейство разорилось, мальчик отбился от рук, очень рано попал в дурную компанию и уже в девятилетнем возрасте начал бродяжничать — одним словом, наш барон, подобно горьковскому, оказался на самом дне общества.

В 13 лет он — юнга на торговом корабле, потом мальчишка-официант в лондонском кафе, где водит дружбу с сутенерами, мошенниками и ворами. Оказавшись в Париже, трудный подросток угодил из одной грязи в другую и быстро попал в тюрьму.

Оттуда, из самого подвала социальной пирамиды, он начинает медленно и настырно карабкаться по черной лестнице обратно, в бельэтаж.

Гаэтан «Барон» (уже не титул, а кликуха) вращается в самых мутных кругах парижского криминалитета. В ту пору, после Первой мировой, «конкретные пацаны» активно осваивали Монмартр с его ночными кабаками, борделями и букмекерскими конторами. Приятные манеры, острый ум в сочетании с умением постоять за себя (однажды во время карточной ссоры Люссац пристрелил обидчика), а в особенности крепкие связи со средиземноморской мафией помогли «Барону» сделать быструю карьеру в классово чуждой среде. В двадцатые годы он уже владеет двумя ресторанами на пляс Пигаль, причем один из них, «Гран-дюк» являлся, как сказали бы теперь, эксклюзивным клубом для солидных господ, куда наведывались и видные политики.

О дальновидности де Люссаца свидетельствует то, что он рано завел доверительные отношения с секретной полицией — не в качестве стукача (это как раз было бы недальновидно и даже опасно), а в качестве «эксперта по безопасности». Во время пребывания в Париже важных иностранцев,

Солидное заведение на пляс Пигаль

в том числе августейших особ, «Барон», то есть уже опять просто барон, следил, чтобы с гостями, когда они посещают сомнительные заведения, не произошло никаких неприятностей.

Во время шумного скандала из-за смерти афериста Ставиского в 1934 году (дело знаменитое, не буду пересказывать) наш аристократ, до этого широко известный в узких кругах, вдруг стал знаменитостью. Его арестовали вместе с еще двумя боссами марсельского преступного мира.

Однако де Люссац просидел в тюрьме недолго и как-то отбоярился. Французский климат, правда, стал для него жарковат. Тут-то и пригодились титул, происхождение и дальновидность. Еще в 1928 году барон оказал некие деликатные услуги правящему дому Монако и незадолго до начала второй мировой переселился в Монте-Карло, где создал процветающую и совершенно легальную империю игровых автоматов. Умер он богачом, почтенным членом общества, и ныне де Люссацы считаются одним из первых семейств Лазурного Берега.

Хэппи-энд.

У барона маленькие неприятности, но светский человек всегда улыбается

Из комментариев к посту:

shagirt

У меня глюки или в рассказе сквозит одобрение этих приспособленцев, называемых аристократами? Отвратительно! Человеку с ЧСД, о котором так распространяться господин Акунин, лучше сдохнуть, чем приспосабливаться с помощью преступлений.

В общем, я таких «выплываемых» приспособленцев, типа Скарлетт О`Хара, не уважаю и дай Бог, чтоб их было поменьше. А интеллигенты мне нравятся. Настоящие интеллигенты, конечно, а не карикатура типа Васисуалия Лоханкина.

noel77

Сожалею, но не могу с вами согласиться — «не учтивость и безупречные манеры, а повышенная выживаемость, умение не пропасть в любой ситуации, приспособиться к ней и вопреки всему снова вскарабкаться наверх» — это девиз и суть уголовников… иными словами — «Сдохни ты сегодня, а я завтра»…

НЕСКРОМНОЕ ОБАЯНИЕ АРИСТОКРАТИИ

28. 06. 2011

Не то чтоб меня сильно занимала «аристократическая» тема, которой я коснулся на прошлой неделе, но так уж вышло, что на днях я по случайному совпадению соприкоснулся с сюжетом, подкрепившим мою разночинскую антипатию к этому капризному сословию.

Я давно собирался съездить посмотреть на бретонский замок Кериоле. Много слышал про эту архитектурную «folie russe», экзотичную для тамошних краев. Съездил — и не пожалел. Теперь расскажу вам сказку.

Давным-давно, а если точнее в 60-х годах 19 века, сумасбродная русская барыня выстроила в Финистере, суровом и скудном рыбацком крае, чудо-замок.

Черт-те что (и сбоку в качестве бантика архангел Гавриил)

Получился шибающий по мозгам «ёрш» из неоготики, бретонского фольклора и романтизма, увенчанный русским медведем на крыше, который тоскливо глядит на восток, в сторону России-матушки.

На пятиконечную звезду не обращайте внимания. Архитектор был франк-масон и понатыкал их по всему фасаду

Нынешний вид замка дает слабое представление о былом роскошестве. Все декоративные элементы когда-то были цвета небесной лазури, а лилии и звезды сверкали позолотой. Со-

Всё что осталось от былой красочности

временники прямо-таки очумевали, когда видели это варварское великолепие среди монохромного лесного пейзажа.

История замка Кериоле — это вариация на тему купринского рассказа «Белый пудель». Помните? «Хочу собаку! Трилли хочет собаку!».

Жила-была великосветская дама, вдовствующая княгиня Зинаида Юсупова, née Нарышкина (1803–1893). И всё у нее в жизни всегда было очень хорошо, и ни в чем никогда ей не было отказу. Родилась она с золотой ложкой во рту, с детства как сыр в масле каталась, долго-предолго жила-поживала и добро проживала, но добра было столько, что и за девяносто лет Зинаида Ивановна его растранжирить не смогла.

И вот повстречался ей в Париже красавец-француз. Она — княгиня почти что царской крови, он — плебей; ей уже пятьдесят семь, ему — тридцать два. Однако Трилли заголосил: «Хочу собаку!» И всё покорилось.

Красавец Шарль не устоял перед соблазнами, которые сулил ему этот мезальянс. Зинаида Ивановна купила жениху видную должность и аж два аристократических титула — графа и маркиза — с кучей знатных предков в придачу.

Это липовые предки графа-маркиза в Рыцарском зале замка

Портреты молодых:

Характер сразу понятен

А вот и «белый пудель»
(не такой уж, по-моему, адонис)

Свой трофей ее сиятельство заперла в бретонской глуши, для чего и было выстроено любовное гнездышко. Судя по старинным снимкам, интерьеры замка были еще пышнее экстерьера, однако от них мало что сохранилось. Почему — объясню чуть позже.

На парадном фасаде красуется герб Нарышкиных, хотя после двух браков можно было бы так уж не кичиться своей девичьей фамилией.

Узнав, что я из России, экскурсовод попросила меня перевести девиз:

Не без труда я разобрал, что над гербом высечено «При той»

Я предположил, что невразумительная формула может выражать генеалогическое почтение к самой знаменитой представительнице рода царице Наталье Кирилловне. Мол, мы все, Нарышкины, ютимся охвостьем При Той, Которая Родила Великого Петра.

Во время первой половины экскурсии, пока нам рассказывали об экстравагантных тратах и выходках princesse russe, я не раз ловил на себе почтительные взгляды французской группы.

Должно быть, давая согласие на брак, бравый молодец думал: «Ну сколько ей осталось?». Но старушка, естественно, пережила своего принца-шармана и поплакала на его похоронах. Потом пожила еще и наконец отдала Богу душу, сделав напоследок департаменту типично аристократический подарок: завещала Кериоле бретонцам, однако с массой занудных условий и ограничений — и то с поместьем делать нельзя, и это.

Сменились эпохи, прошли мировые войны, началась гонка ядерных вооружений.

Однажды правнук Зинаиды Ивановны, затравленный кредиторами Феликс Юсупов (l'assassin de Raspoutine, подняла палец экскурсоводша, и вся группа закивала) вспомнил, что была у него какая-то полоумная прабабка, а у прабабки был какой-то полоумный, но дорогущий замок.

«Хочу собаку!» — сказал Трилли. К тому времени русский Дориан Грей был уже не похож на знаменитый портрет кисти Серова, а выглядел вот так (см. след. стр.).

Разумеется, экспертиза установила, что через 60 лет после смерти княгини никто уже не помнит ни про какое завещание. Что-то из коллекций переправлено в местные музеи, что-то в парке изменено.

Вознегодовав на такое кощунство, Юсупов подал в суд и после многолетней тяжбы отобрал у департамента замок, получив еще и солидный штраф.

Сразу же вслед за этим, наплевав на плебейские условности (вот он, истинный аристократизм!), бережный хранитель священной прабабушкиной памяти распродал весь интерьер и вообще всё, что только было возможно. Умудрился даже

Всё равно, конечно, красавец

загнать ближайшему муниципалитету старинный колодец из замкового двора — на вывоз. Всю землю разделил на участки и выставил на торги. Потом объявил, что в архитектурном смысле Кериоле — жуткая безвкусица (мне, честно говоря, тоже так показалось) и продал обобранную постройку под гостиницу.

В этом месте экскурсии я начал ежиться — теперь вся французская группа смотрела на меня с русофобско-санкюлотским гневом, как будто я и был тот самый князь Юсупов граф Сумароков-Эльстон.

И побрел я прочь, пока все не запели: «Аристократов на фонарь!».

Всё оглядывался на замок, и в своем обветшавшем виде он вдруг показался мне трогательным и прекрасным, как райская птица, по нелепой случайности залетевшая в чужой серый край и растерявшая там свои лазоревые перья.

А сломанному каштану справа 400 лет, и он все еще живет

Из комментариев к посту:

radistradist

«В детстве посчастливилось мне знать прабабку мою, Зинаиду Ивановну Нарышкину, вторым браком графиню де Шово. Она умерла, когда было мне десять лет, но помню я ее очень ясно.

Прабабка моя была писаная красавица, жила весело и имела не одно приключенье. Пережила она бурный роман с молодым революционером и поехала за ним, когда того посадили в Свеаборгскую крепость в Финляндии. Купила дом на горе напротив крепости, чтобы видеть окошко его каземата.

Когда сын ее женился, она отдала молодым дом на Мойке, а сама поселилась на Литейном. Этот новый ее дом был точь-в-точь как прежний, только меньше.

Впоследствии, разбирая прабабкин архив, среди посланий от разных знаменитых современников нашел я письма к ней императора Николая. Характер писем сомнений не оставлял. В одной записке Николай говорит, что дарит ей царскосельский домик «Эрмитаж» и просит прожить в нем лето, чтобы им было где видеться. К записке приколота копия ответа. Княгиня Юсупова благодарит Его Величество, но отказывается принять подарок, ибо привыкла жить у себя дома и вполне достаточна собственным именьем! А все ж купила землицы близ дворца и построила домик — в точности государев подарок. И живала там, и принимала царских особ.

Двумя-тремя годами позже, поссорившись с императором, она уехала за границу. Обосновалась в Париже, в купленном ею особняке в районе Булонь-сюр-Сен, на Парк-де-Прэнс. Весь парижский бомонд Второй Империи бывал у нее. Наполеон III увлекся ею и делал авансы, но ответа не получил. На балу в Тюильри представили ей юного француза-офицера, миловидного и бедного, по фамилии Шово. Он ей понравился, и она вышла за него. Купила она ему замок Кериолет в Бретани и титул графа, а себе самой — маркизы де Серр. Граф де Шово вскоре умер, завещав замок своей любовнице. Графиня в бешенстве выкупила у соперницы замок втридорога и подарила его тамошнему департаменту при условии, что замок будет музеем».

---

koncheev

Я думаю, княгиня помнила о том старом девизе, прямой смысл которого ей был в ее настоящем положении неважен, но она увидела чудесный способ использовать его как каламбур. Ваша догадка, конечно же, правильна. Девиз гласит: «Ты (мой раб), запомни, находишься при той, кто твоя богиня, твоя судьба, твоя любовь и твой повелитель». Можно предположить, таким образом, что Шарль был куплен со всеми потрохами и без каких бы то ни было экивоков.

Хотя есть более благородный вариант. «Ты при той, судьба которой связана с тобой навеки вечной любовью». Почему нет? Кстати, и внешность Шарля не говорит о его склонности беспрекословно подчиняться.

Свой среди чужих (Из файла «Прототипы»)

12. 06. 2011

Еще одна поразительная судьба, еще один прототип, который я собирался использовать в романе про гражданскую войну, а потом передумал. По двум причинам: во-первых, это опять случай, когда правда жизни слишком невероятна и в художественном произведении вызовет ощущение перебора; во-вторых, тему незаурядного человека, оказавшегося своим среди чужих, я решил исследовать в другой книжке, с другим персонажем.

Какова этическая конструкция, психологическая защита, мимикрия сознания у того, кто по собственному выбору пустил корни во враждебной среде и добился в ней лидерства?

Вероятно, некоторые из вас слышали про Бориса Штейфона — еврея, сделавшего хорошую карьеру в пассивно юдофобской системе, еще более успешную — в активно антисемитской и совсем блистательную — в мире, где его соплеменников люто ненавидели и поголовно уничтожали.

Борис Александрович Штейфон родился в 1881 году в Харькове в семье крещеного еврея-мастерового и дочери православного дьякона, то есть, собственно, являлся полуевреем, однако, как известно, для антисемитов вполне достаточно и половинки.

В царской России еврейство — во всяком случае, официально — определялось не составом крови, а вероисповеданием, поэтому Штейфон смог поступить в офицерское училище. Армейская среда относилась к евреям уничижительно, антисемитские шутки и жидоморные настроения там были в порядке вещей. Как себя чувствовал юнкер еврейского происхождения в такой атмосфере, описано в мемуарах выкреста М. Грулева «Записки генерала-еврея». Наверняка Штейфон, как и Грулев, сделал обычный для пытающегося адаптироваться еврея вывод: я должен быть безупречен, я обязан стать первым, и тогда меня сочтут «своим».

Офицерам-евреям приходилось туго не только в России. «Абсент Антиеврейский» выпускался во Франции во время дела капитана Дрейфуса

Адаптироваться молодому человеку удалось. Он виртуозно сочетал юнкерские проказы, приносившие популярность среди товарищей, с успехами в учебе и окончил училище по первому разряду. Отправился добровольцем на японскую войну, заслужил там пять боевых орденов, а затем сумел пройти конкурс в академию Генерального штаба, то есть вошел в элиту офицерского корпуса. Это тем более примечательно, что как раз в эти годы антисемитизм в царской армии уже и официально вышел за пределы графы «вероисповедание» — в военные училища перестали принимать даже выкрестов.

Столь же образцово Штейфон воевал на Великой войне, которую завершил в чине полковника генштаба.

Конечно же, человек, сумевший утвердиться в изначально недружественной системе координат, не мог обрадоваться революции, которая обратила в прах все его достижения. Штейфон становится непримиримым врагом большевистского режима. В родном Харькове он возглавил подпольную организацию («Центр Полковника Штейфона»), переправлявшую офицеров в Добровольческую армию. В конце концов Борис Александрович и сам оказался у Деникина. Командовал полком, а затем дивизией, выслужил чин генерал-майора.

Его Белозерский полк был знаменит на весь фронт. Приняв под командование горстку людей (в списочном составе было всего 62 человека), Штейфон превратил часть в грозную боевую единицу — три тысячи штыков плюс собственная артиллерия и даже кавалерия. (У Деникина полки обычно насчитывали 200–300 солдат, а дивизии — хорошо если полторы тысячи.)

Генерал-майор Штейфон в первом ряду, справа от бородатого Кутепова

В годы гражданской войны хроническая юдофобия, свойственная царской России, воспалилась до людоедских размеров: среди большевиков было много евреев, что неудивительно, учитывая «черту оседлости», «процентные нормы» и другие прелести старого режима. В мемуарах белогвардейцев непременно поминаются «еврейчики-комиссары» и «жиды-чекисты» как виновники всех бед России. Обычной практикой для добровольцев было выискивать среди пленных евреев и немедленно, без разбирательств, «пускать в расход».

Я очень внимательно прочитал воспоминания Штейфона о девятнадцатом годе, пытаясь найти хоть какие-то рефлексии на еврейскую тему. Ни слова. Вытеснил, отсёк, заблокировал. Но расстреливать евреев своим солдатам не мешал. Один-единственный раз проговаривается про это, глухо. Пишет про фильтрацию пленных красноармейцев: «Инородцы выделялись своим внешним видом или акцентом». Стало быть, для него они «инородцы».

Тут я живенько представил сцену для романа. «Господин полковник, ви же еврэй, я вижу! Пощадите!» Господин полковник, мрачнее тучи, отворачивается, идет дальше. Подчиненные провожают его задумчивыми взглядами, вздыхают, передергивают затворы... И решил я, что этого голливуда мне не надо. Демобилизовал, в общем, Штейфона из прототипов.

По маловыразительным описаниям наступлений-отступлений в его мемуарах я попытался вычислить, в чем же ключ к этой личности, помимо самолюбивого стремления доказать окружающим, что он, несмотря на еврейскую фамилию, не хуже, а может быть, и лучше их.

Идеология Бориса Александровича была проста, он сам формулирует ее посредством краткого лозунга: «За великую, единую, неделимую Россию — ура!». Искреннее чувство прорывается в его плаче по «прекрасным уставам царской армии, составленным мудростью предшествовавших поколений». И, конечно, как для многих мемуаристов этой плеяды, для Штейфона очень много значит так называемая «полковая культура», культ родного полка с его славой, традициями и корпоративной этикой.

Но вопрос о внутреннем раздоре, которого не мог не ощущать бравый генерал в постоянно сгущающейся антисемитской атмосфере, остается для меня открытым. Из других источников я знаю, что окружающие-то о происхождении Штейфона не забывали. Он гордился, что его Белозерский полк был отлично обустроен, ни в чем не ведал нужды, а соратники за спиной рачительного командира подтрунивали над его «иудейской хозяйственностью».

Главный парадокс этой удивительной биографии, конечно, приходится на годы Второй мировой войны, когда Борис Штейфон, эмигрировавший в Югославию, возглавил Русский охранный корпус, который воевал с партизанами, а затем и с советскими войсками.

Напомню, что фашисты уничтожили в Югославии две трети еврейского населения, и войска Штейфона, служившие по гарнизонам, не могли не участвовать в облавах.

Немецкое командование отлично знало о корнях Штейфона, но, высоко ценя его боевые качества, ограничилось запросом в оккупированный Харьков, есть ли в православной церкви запись о крещении. Запись, на счастье Бориса Александровича, отыскалась. В сорок третьем году Штейфон достиг пика своей военной карьеры — получил звание германского генерал-лейтенанта.

Герр генерал Штейфон (эх, жалко «фон» не с того конца)

Удача всю жизнь сопутствовала этому человеку. Не подвела она его и напоследок. Б. А. Штейфон умер своей смертью 30 апреля 1945 года и даже успел с почестями упокоиться на немецком военном кладбище. А иначе висеть бы ему в петле вместе с Красновым, Шкуро, Султан-Гиреем и прочими коллаборационистами из числа белых генералов.

Штейфон проводит смотр. Хайль Гитлер!

Вы спросите: «А мог ли вести себя иначе в ту эпоху русский офицер с еврейскими корнями?»

Представьте, мог. Пример — упомянутый выше генерал Грулев, который пишет в своей автобиографии: «Самое важное, что я старательно и неусыпно держал всегда под светом моей совести, — это было то, что по мере сил я боролся, пассивно или активно, против несправедливых обвинений и гонений на евреев. Следуя, вот в этих случаях, «голосу крови» и велениям сердца, я, в то же время, видел в такой борьбе сокровенное и разумное служение России, моей Родине, по долгу совести и принятой присяги». В бытность юнкером Михаил Грулев самовольно с казенной винтовкой в руках кинулся защищать варшавских евреев от погромщиков — за это его вполне могли выгнать из училища, в которое он с таким трудом поступил.

Штейфон — неважно юнкером, белым офицером или фашистским генералом, в подобных случаях делал вид, что его это совершенно не касается.

Говорят, еврей — это не национальность, а судьба. Например, вот такая: мужественный, целеустремленный человек всю жизнь очень хотел забыть о своем еврействе, и ему это даже удалось.

Или нет?

Из комментариев к посту:

---

suzjavochka

Это, скорее, «комплекс полукровки». Часто случается, что люди, в которых слились крови немирных по отношению друг к другу народов, активно выбирают либо одну, либо другую сторону и буквально жизнь кладут на то, чтобы доказать, что они «не из этих». Примеров жизнь доставляет предостаточно.

Что до еврейской военной карьеры, то, оказывается, существовала некая лазейка в годы Первой мировой войны — я о ней узнала, раскапывая семейную историю. Не подлежащие по разным причинам призыву мальчики из местечек шли в армию вольноопределяющимися и через положенный срок зарабатывали направление в школу прапорщиков. Именно так получил первое офицерское звание мой родной дед. Судя по тому, что я слышала, это не уникальная история.

Кстати, в годы Гражданской войны, когда дед служил в разведке у Котовского, его спас от гибели однокашник по этой самой школе, белый контрразведчик: спрятал у себя в доме, а вечером помог выбраться из села, где на деда была уже объявлена охота.

---

kozharik

Мне кажется, что я могу понять этого — фона. У меня фамилия и внешность еврейская — от папы.

Жила я с мамой — она русская. В школе — били не по паспорту, а по морде. А евреи меня за свою никогда не считали — я же не еврейка по их понятиям. Ни о какой особой любви к еврейству речи в молодости не шло, потом жизнь расставила все на свои места, но и теперь — что я еврейка я сказать не могу, а что я русская — тоже.

Так что ждать от — фона особой любви к евреям? С чего бы?

ВОКРУГ СВЕТА С БОТАНИКОМ

19. 07. 2011

Я уже несколько раз рассказывал об исторических фигурах, которые по той или иной причине не сгодились мне в прототипы для литературных персонажей.

Теперь сделаю нечто прямо противоположное: познакомлю вас с реально существовавшей личностью, которая, хоть и в сильно измененном виде, угодила в один из моих романов («Сокол и ласточка»). А заодно, кстати уж, отвечу скептикам, которые упрекали меня за чрезмерную резвость фантазии: мол, никак невозможно, чтобы на судне 18 столетия, при скученности и полном отсутствии приватности, женщина могла выдавать себя за моряка.

А вот и могла! Свидетельство тому — история Жанны Баре.

Она отправилась в кругосветное плавание капитана де Бугенвиля в качестве слуги ученого-натуралиста Филибера Коммерсона. Поскольку устав запрещал женщинам находиться на военном корабле, Жанна назвалась «Жаном» и нарядилась в мужское платье. Жила в одной каюте с ученым, прислуживала, ассистировала при сборе ботанической коллекции. Было ей в то время 26 лет.

Маскарад оставался неразоблаченным много месяцев — пока корабль «Этуаль» не прибыл на остров Таити.

Едва Жанна вместе с другими матросами спустилась на берег, как туземцы сразу заорали, показывая на нее: «Айенн! Айенн!», что означало: «Женщина! Женщина!». В тонкостях европейских костюмов дикари не разбирались, им было все равно, штаны или юбка, и представительницу прекрасного пола они распознали по запаху. (Запахи у европейцев догигиенических времен, а уж особенно после долгого плавания, были могучие). Таитяне, как известно, щедро делились с го-

Простодушный ботаник

Это она в матросском наряде собирает травы

Эти люди разбирались в женском вопросе лучше

стями своими женщинами и ожидали от заморских друзей такой же широты. Интересно же: белая самка! Свое антропологическое любопытство туземцы выражали столь активно, что перепуганная Жанна кинулась от них наутек и во всем призналась капитану Бугенвилю. При этом она сказала, что мсье Коммерсон ни в чем не виноват, он понятия не имел об истинном гендере своего «слуги», когда брал его, то есть ее на работу.

Коммерсон на голубом глазу подхватил: он-де человек науки, кроме цветочков-лепесточков ни в чем не разбирается и ужасно потрясен открытием. Одно слово — ботаник. «Я поэт, зовусь я Цветик, от меня вам всем приветик».

Не ударил лицом в грязь и капитан. Сразу нерушимо поверил обоим, о чем свидетельствует запись в его журнале от 28–29 мая 1768 года. Бугенвиль приказал лишь поселить нарушительницу морского закона отдельно от остального экипажа и следить, чтоб матросы ничего с ней не учинили.

Но едва «Этуаль» достиг первой же французской колонии, острова Маврикий, как Бугенвиль перестал прикидываться болваном и немедленно, как миленьких, ссадил на берег Цветика с его подругой.

Коммерсон, естественно, был соучастником маленького заговора. Как выяснилось, Жанна стала его любовницей, экономкой и ассистенткой еще за два года до плавания.

Закончился этот водевиль с переодеванием, к сожалению, не слишком весело. Бедный Коммерсон не перенес тропического климата и умер.

Кругосветное плавание Жанна Баре завершила без него, однако позаботилась, чтобы научная работа ее бедного ботаника не пропала. В конце концов вернувшись в Париж, Жанна привезла с собой тридцать ящиков с бесценной коллекцией растений, три тысячи из которых были ранее неизвестны в Европе. Людовик XVI за это наградил самоотверженную путешественницу пожизненной рентой.

После смерти Коммерсона первая в истории «кругосветница» вышла за королевского офицера, никуда больше не плавала, жила тихо и по меркам того времени долго — почти 70 лет.

Вероятно, ей было что рассказать внукам.

Из комментариев к посту:

---

dolboeb

Самое трогательное — что единственным напоминанием об этой истории 220 лет спустя остается описанный Коммерсоном цветок, который называется бугенвиллеей.

---

nil_svetlana

Забавно как! Я словно в детство окунулась…

В детстве я забавлялась тем, что «переделывала» книжки: меняла сюжет, добавляла героев и приключений. У меня были переделаны и «Дети капитана Гранта». Я добавила туда «секретаря» Паганеля — Жана.

Это была девушка, которая, выдавая себя за мужчину, ассистировала Паганелю, описывала географические объекты, зарисовывала их, а в свободное время, писала приключенческие рассказы и печатала их в журналах. Ну, и вместе с рассеянным географом попала на Дункан и приключений добавилось ещё больше. А вот оказалось правда…

---

pirrattka

Я вот что вычитала: Жанна родилась в семье небогатых фермеров; родители умерли, когда ей было лет двадцать. После какого-то неудачного судебного процесса (наследство?) она осталась без денег и пошла работать гувернанткой к Коммерсону — он был вдовцом, жена умерла во время родов сына; об этом самом сыне Жанна и должна была заботиться. Вскоре она стала также секретарем Коммерсона. Их любовная связь вызывала неодобрение местного общества; в 1764 году, когда Жанна забеременела, они с Коммерсоном перебрались в Париж. Ребенка Жанна потеряла — он умер во время родов.

О ее жизни после смерти Коммерсона:

Чтобы на что-то жить, Жанна открывает «кабаре с бильярдом» в Порт-Луи (столице острова Маврикий). Но отношения с властями не складываются. Ее штрафуют за продажу алкоголя в воскресенье, «так как клиенты ее приходят на мессу пьяными».

Через год после смерти Коммерсона Жанна выходит замуж за французского офицера и перебирается во Францию. О последних годах жизни известно мало. Свое имущество Жанна оставила по завещанию сыну Коммерсона — тому самому, о ком заботилась много лет назад.

ПЕРВАЯ КАВАЛЕРИСТ-ДЕВИЦА

1.08. 2011

Считайте этот пост сиквелом к рассказу о доблестной любовнице ботаника.

Продолжение сильно припозднилось, как говорится, по не зависящим от редакции причинам.

Когда я готовился к написанию «Сокола и ласточки», мне попадались самые разные материалы о женском кросс-дрессинге восемнадцатого столетия. Некоторые истории не менее удивительны, чем биография пахучей Жанны Баре. Расскажу еще одну — и покончим с переодеваниями.

Если я спрошу вас, кто этот, хоть и безусый, но бравый офицер:

вы, конечно, сразу ответите: ну как же, это наша гордость, героическая Надежда Дурова, автор «Записок кавалерист-девицы». Я в детстве, как и многие, ее обожал — посмотрел «Гусарскую балладу» и прямо влюбился.

«Корнет, вы — женщина?!»

Потом, много позже, я вычитал, что Дурова была никакая не девица, а беглая жена и мать-кукушка. И вообще Надежда Андреевна, кажется, была довольно странным существом, у современников считалось хорошим тоном над нею потешаться. Однако не это стало главным моим разочарованием. Выяснилось, что не такая уж наша Дурова уникальная. В Европе подобных кавалеристок было пруд пруди.

Первая и самая знаменитая из них — ирландка Кристиан (можно Кит) Каванаг (1667–1739), биографию которой когда-то написал сам Даниэл Дэфо (титульная страница книги справа).

Жила она в Дублине, была молодуха как молодуха: имела мужа-гуляку, владела пивнушкой, родила двоих детей, донашивала третьего. И вдруг благоверный (его звали Ричард Уолш) пропал. Через какое-то время от него пришло письмо, что он насильно завербован и отправлен воевать в Голландию. В те времена принуждение к защите родины было разновидностью киднеппинга. (Впрочем, у нас это, кажется, случается и сейчас).

Любящая Кит оставила детей на попечение матери и отправилась за моря спасать злосчастного супруга. Дешевле и проще было совершить это путешествие за казенный счет, поэтому храбрая женщина остригла волосы, переоделась в мужское платье и тоже поступила на военную службу — вначале пехотинцем.

На этом сказка про Герду и Кая заканчивается, начинается сюжет иного жанра.

Представьте себе, солдатская доля неожиданно пришлась молодой ирландке по вкусу. Опасностей она не боялась, приключения будоражили кровь, общение с товарищами-головорезами духовно обогащало.

Кит участвовала в боях, была дважды ранена, попала в плен к французам, была выменена обратно — и продолжила ратную службу.

Из армии ее уволили по совершенно неженскому поводу: она убила на дуэли сержанта своей роты. Притом поединок случился из-за бабы. Кит очень старательно изображала лихого вояку: пила ром, мародерствовала, играла в карты и не упускала случая приударить за какой-нибудь красоткой — не доводя флирт до границ, грозивших разоблачением. Однажды какая-то проститутка даже заявила, что Кит отец ее ребенка и пускай гонит деньги на содержание своего ублюдка. Кит охотно заплатила наглой шлюхе.

Особенно зауважал я осторожную кросс-дрессершу, когда прочитал, что она разработала систему мочиться стоя, для чего соорудила какую-то хитрую трубку из серебра и кожи.

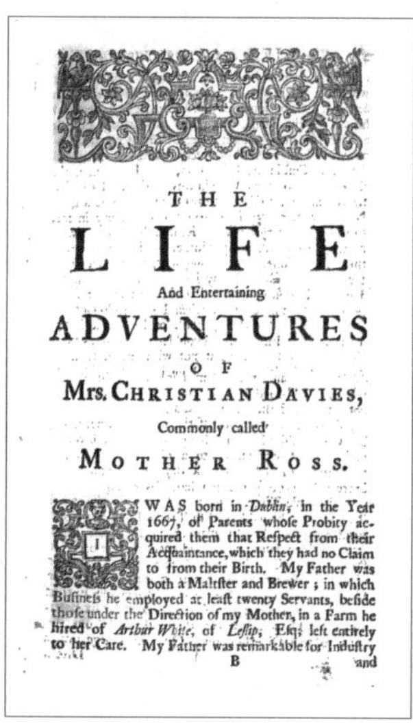

THE

LIFE

And Entertaining

ADVENTURES

OF

Mrs. CHRISTIAN DAVIES,

Commonly called

MOTHER ROSS.

I WAS born in *Dublin*, in the Year 1667, of Parents whose Probity acquired them that Respect from their Acquaintance, which they had no Claim to from their Birth. My Father was both a Maltster and Brewer; in which Business he employed at least twenty Servants, beside those under the Direction of my Mother, in a Farm he hired of *Arthur White*, of *Leslip*, Esq; left entirely to her Care. My Father was remarkable for Industry

B and

После дембеля Кит продержалась на «гражданке» недолго — вероятно, ей не хватало адреналина. Теперь она поступила в королевские драгуны, то есть стала именно что «кавалерист-девицей».

Вот она, красавица

При всем при том она продолжала разыскивать своего мужа. Базы данных в королевских вооруженных силах пока не существовало, нижние чины учитывались не столько по именам, сколько по головам, поэтому поиски заняли 13 лет.

На пропавшего супруга Кит наткнулась по чистой случайности и в очень неудачный момент — изменщик коварный как раз миловался с какой-то голландкой.

Тут кавалерист-девица окончательно порвала с женским прошлым, послала мужа туда, куда его следовало послать — и стала служить не тужить уже не ради восстановления семьи, а для собственного удовольствия.

Тайна Кит держалась целых пятнадцать лет и была раскрыта только из-за нового, тяжелого ранения. Хирург обнаружил у лежавшего без сознания героя неправильные половые признаки.

Дальше ее судьба сложилась менее экзотично, но все равно интересно. В армии разоблаченную травести оставили, но не драгуном, а маркитанткой. Блудный муж вернулся и продолжал блудить (однажды Кит была вынуждена отрубить очередной разлучнице нос — чтобы сделать ее менее привлекательной). А когда Ричарда убили в сражении, безутешная миссис Уолш перевернула две сотни трупов, прежде чем нашла свою кровиночку — и предала христианскому погребению.

Потом были другие мужчины и другие мужья, последнего из которых (разумеется, тоже солдата) звали Дэвис. Поэтому в историю Кит вошла под именем Кристиан Дэвис. Добрая королева Анна назначила ветеранше немаленькую пенсию: шиллинг в день.

А вы говорите Надежда Дурова.

Из комментариев к посту:

---

veronika_myself

Меня во всех этих красивых историях не оставляет ощущение неправдоподобности, киношности. У женщины слишком много физиологических поводов выдать себя в мужском окружении — от голоса до запаха. То же самое в случаях наоборот — когда мужчина бреет ноги, накладывает грудь и густой грим и начинает говорить тонким голосом. Не верю, что в жизни сюжет фильма «В джазе только девушки» мог бы продлиться больше, чем несколько часов, до полного разоблачения. А как девицы выдавали себя за мужчин на войне — вообще представить не могу. Только явное преобладание в организме мужских гормонов могло их спасти от разоблачения.

---

fizdipyushka

Из переодетых женщин — очень интересная, просидевшая в затворе тридцать лет, убежавшая из дома в пятнадцать, чтоб не ходить замуж Дарья Тяпкина, дворянка, она же Досифей, известный и прославленный Китаевский старец

ПРИЛОЖЕНИЯ

«ГОЛОСОВАЛКИ»

По пятницам у меня в блоге задается какая-нибудь тема для обсуждения или голосования. Она может быть серьезной или не очень. Здесь я приведу данные нескольких опросов, результаты которых кажутся мне примечательными. В «голосовалках» могут принимать участие не только члены «Благородного Собрания», а все ЖЖ-пользователи.

Каждое голосование сопровождается бурной дискуссией, и это самая интересная часть «голосовалки». Но формат книги не позволяет напечатать материалы этих споров. Прочесть их можно в архиве блога.

ВОПРОС НЕДЕЛИ. ИДЕАЛ МУЖЧИНЫ

28.01.2011

Есть несколько классических типов личности (как мужской, так и женской), которые кажутся мне прекрасными или, по меньшей мере, невероятно интересными. Я часто вставляю эти человеческие типы в свои романы — мне приятно иметь с ними дело.

На этой неделе спрашиваю про мужчин. Следующую неделю посвящу женщинам (кстати говоря, можете подсказывать мне женские типажи в комментах — вдруг кого-то забуду).

Итак, какой из нижеперечисленных типов кажется вам самым привлекательным?

1. **«Британский джентльмен».** Типаж хорошо известный. Из многочисленных дефиниций занятней всего, по-моему, такая: «G. — это человек, который никогда не обидит того, кого не хочет обидеть».

2. **«Русский интеллигент».** Что это такое — сами знаете.

3. **«Японский (а какой, собственно, еще?) самурай».** Тоже знаете: кодекс чести, дзэн, чуть что не так — харакири.

4. **«Благородный муж».** Вот этот конфуцианский типаж (чжунцзы) требует пояснения. Во многом он похож на самурая, но есть радикальное отличие. Если самурай в своих поступках руководствуется Идеей (служения Господину или, скажем, государству), то чжунцзы всегда слушается лишь внутреннего голоса, нравственного камертона, который для этого типажа и является главным детерминатором. Придумывая Эраста Фандорина, я хотел нарисовать именно образ «благородного мужа».

5. **«Герой».** Это человек, чья истинная ценность раскрывается в критических, смертельно опасных ситуациях. Ну, не знаю: Александр Матросов, капитан Гастелло, Муций Сцевола. Думаю, ясно.

6. **«Подвижник».** К этому типу относится большинство святых, Махатма Ганди, Рауль Валленберг, доктор Швейцер (если вы кого-то из них не любите, то не придирайтесь к именам — вы ведь поняли, какой тип личности я имею в виду).

7. **«Художник».** Понятно, да? Речь идет о творческой личности, которая обладает прекрасным даром и щедро им делится. Сюда же относятся гениальные ученые.

8. **«Фанфан-тюльпан».** Типаж несерьезный, но исключительно обаятельный и заслуженно любимый женщинами. Некто лучезарный, бесшабашный, тестостероново-адреналиновый. Вроде Дениса Давыдова или Генриха Наваррского (по версии песни «Жил-был Анри Четвертый»).

9. **«Стена».** Этакий Мужчина Мужчинович, на ком всё держится и на кого можно опереться, как на каменную стену. «Джоконду» он не создаст и на амбразуру сгоряча не ляжет, но дом построит, а семью и прокормит, и защитит.

10. **Другой типаж.** Этот пункт — для тех, кому больше импонирует какой-то иной мужской подвид. Я, например, более или менее равнодушен к «Завоевателям», «Вождям», «Экстремальщикам», «Аскетам», «Майкламджексонам» — да мало ли в генеалогии мужского гендера интересных пород.

ИТОГИ ОПРОСА «ВЫБИРАЕМ ИДЕАЛ МУЖЧИНЫ»

Участников: 5005

Британский джентльмен
923 (18.7 %)
Русский интеллигент
371 (7.5 %)
Японский самурай
135 (2.7 %)
Благородный муж
1463 (29.7 %)
Герой
187 (3.8 %)
Подвижник
123 (2.5 %)
Художник
245 (5.0 %)
Фанфан-тюльпан
280 (5.7 %)
«Стена»
838 (17.0 %)
Другое
362 (7.3 %)

ОПРОС «ИДЕАЛ ЖЕНЩИНЫ»

4.02.2011

Комментарии к типизации (прочтите прежде, чем проголосовать — чтобы не ошибиться):

«Тургеневская девушка». Небесное создание, существо романтическое и поэтичное (но не поэтесса!). Раньше у нас под воздействием литературы этих существ было много. Сейчас — под воздействием телевидения и интернета — они почти исчезли. Но тем приятнее такую встретить. Если «ТД» глуповата, с возрастом она может превратиться в восторженную козу. Но уж если умна — становится истинным сокровищем.

«Поэтесса». Существо такое же духовное, как предыдущий типаж, но это уже, так сказать, не объект, а субъект поэзии. Со всеми плюсами и минусами творческой личности.

«Декабристка». Образ многократно воспет, всеми любим, в пояснениях не нуждается.

«Душечка». А вот за этот тип, несправедливо обиженный Антон Палычем, заступиться совершенно необходимо, ибо он совершенно прекрасен. Это идеальная спутница для мужчины. Полностью разделяет жизненные интересы своего избранника. Чем бы он ни занимался, «Д» сумеет своей любовью и верой сделать его вдесятеро сильнее.

«Японская жена». Она же, собственно, «русская жена», которая коня на скаку. Просто наши такими получаются в силу условий среды, а японских девочек специально воспитывают. Женский аналог мужчины-«стены». Опора, крепкий тыл, прекрасная мать (последнее — принципиальное отличие от «Душечки», для которой ее мужчина важнее всего на свете).

«Фам-фаталь». Я не имею в виду пожирательниц сердец, профессиональных охотниц за миллионерами, вождями и гениями. Настоящая Роковая Женщина — это та, из-за которой самый нелегкомысленный мужчина может оторваться от земли, улететь и не вернуться. Бегущая по волнам, Принцесса Грёза, Незнакомка — что-то в этом роде. В кино и литературе их пруд пруди; в жизни попадаются очень редко. Я не встречал ни разу (и рад этому).

«Скарлетт». Сильная личность, обладает огромной витальностью, никогда не сдается. Несентиментальна, выживает в любых условиях. Когда речь идет об успехе и борьбе за счастье, за ценой не стоит. Потом нередко понимает, что переплатила.

«Мать Тереза». Понятно — святая.

«Голос совести». Отчасти напоминает предыдущий типаж, но вовсе не обязательно святая в смысле любовных отношений. И не подставит левую щеку, если ударят по правой. Человек с обостренным чутьем на несправедливость. Большой Мир для этой женщины, если приходится выбирать, значит больше, чем Мир Малый. Часто занимается общественной или политической деятельностью. Альтернативное название: «Защитница Слабых».

«Лучик света». Катерина из «Грозы» тут совершенно ни при чем. Имеется в виду женщина-праздник, солнечный зайчик, женский аналог Фанфана. В общем, «от улыбки стало всем светлей». В том-то для партнера и проблема — что всем.

ИТОГИ ОПРОСА «ВЫБИРАЕМ ИДЕАЛ ЖЕНЩИНЫ»

Участников: 6472

«Тургеневская девушка»
588 (9.2%)
«Поэтесса»
188 (2.9%)
«Декабристка»
607 (9.5%)
«Душечка»
626 (9.8%)
«Японская жена»
791 (12.4%)
«Фам-фаталь»
471 (7.4%)
«Скарлетт»
1672 (26.1%)
«Мать Тереза»
80 (1.3%)
«Голос совести»
169 (2.6%)
«Лучик света»
1204 (18.8%)

ОПРОС «КТО У НАС ГЕРОИ?»

11.02.2011

Прежде всего разберемся с термином. Понятие «герой» я трактую в том же значении, что словарь Даля: *доблестный сподвижник* (это слово означало «совершающий подвиг») *в войне и в мире, самоотверженец*.

Понятно, да? Не великий вождь, не исторический деятель, а Человек Подвига, самоотверженно идущий на смертельный риск во имя других, или высокой цели, или того, что ему (ей) казалось высокой целью.

Поэтому я включил в список только тех выдающихся военачальников, кто отличался не просто храбростью, а *героической* личной храбростью. Вот почему, например, Суворова здесь нет, но есть сорви-голова Скобелев, который вечно лез в самое пекло.

На сей раз выбор определен не моими личными симпатиями, а общеизвестностью — чтоб имена были на слуху и не надо было ни про кого специально рассказывать.

Из-за того что в ЖЖ невозможно запустить голосовалку, состоящую больше чем из 10 пунктов, пришлось выделить три отдельные номинации:

Герои Старой Истории (до 1917 года)

Герой Новейшей Истории

и отдельно **Героини**.

Можете в комментах прибавлять свои кандидатуры или поддерживать те, что выдвинуты кем-то другим. Условие одно: это должно быть имя, не нуждающееся в пояснениях, без ссылок на «Вики» и прочие -педии.

ИТОГИ ОПРОСА «ГЕРОИ СТАРОЙ ИСТОРІИ»

Участников: 2702

(до 1917 г.)

Князь Святослав

153 (5.7 %)

Митрополит Филипп Колычев

240 (8.9 %)

Иван Сусанин

491 (18.3 %)

Пожарский и Минин

488 (18.2 %)

Протопоп Аввакум

158 (5.9 %)

Степан Разин

100 (3.7 %)

Кондратий Рылеев

182 (6.8 %)

Скобелев

276 (10.3 %)

Капитан Руднев («Варяг»)

357 (13.3 %)

Летчик Нестеров

237 (8.8 %)

ИТОГИ ОПРОСА «ГЕРОИ НОВЕЙШЕЙ ИСТОРИИ»

Участников: 2834

(Советские и антисоветские)

Комдив Чапаев
80 (2.8%)
Комбриг Котовский
18 (0.6%)
Адмирал Колчак
347 (12.3%)
Генерал Каппель
119 (4.2%)
Капитан Гастелло
141 (5.0%)
Александр Матросов
195 (6.9%)
Генерал Карбышев
224 (8.0%)
Летчик Кожедуб
153 (5.4%)
Юрий Гагарин
767 (27.3%)
Андрей Сахаров
767 (27.3%)

ИТОГИ ОПРОСА «ГЕРОИНИ»

Участников: 2700

(На все времена)

Княгиня Ольга
573 (21.5%)
Боярыня Морозова
107 (4.0%)
Василиса Кожина
79 (3.0%)
Софья Перовская
112 (4.2%)
Вел. Кн. Елизавета Федоровна
343 (12.9%)
Мать Мария (Е. Ю. Кузьмина-Караваева)
273 (10.2%)
Вики Оболенская
221 (8.3%)
Зоя Космодемьянская
458 (17.2%)
Летчица Марина Раскова
252 (9.4%)
Валентина Терешкова
249 (9.3%)

ВОПРОС НЕДЕЛИ:
ВЫ-ТО КАК ДУМАЕТЕ?

18.03.2011

Полагаю, что в этом опросе примет участие рекордно скудное количество людей. Большинство из нас не любит задумываться о страшном, даже если оно, как все мы понимаем, неизбежно.

Вероятно, вы уже догадались, что спрашивать я буду о Том Свете.

Если вы когда-либо задумывались, что вас ждет *по ту сторону* (и ждет ли что-то вообще), наверняка у вас возникли какие-то предположения: тягостные подозрения, радужные надежды, смутные догадки. А если вы человек религиозный, то и твердая уверенность.

Я составил реестр основных версий посмертного (не)существования. Если что-то упустил, допишете в комментах.

Не знаю, как для вас, а для меня вопрос «что будет там?» не менее увлекателен, чем вопрос «что будет здесь?».

Только давайте договоримся — для ясности. Вы выбираете вариант, исходя не из того, во что *принято верить*, и не из своих пожеланий (мы не в ресторане, и это не меню), а руководствуетесь принципом *наибольшей вероятности* — насколько вам подсказывают доводы рассудка или внутренний голос.

То есть вопрос, собственно, звучит так:

Что вероятнее всего ожидает вас (лично вас) после смерти?

ИТОГИ ОПРОСА «ЧТО ТАМ?»

Участников: 6064

Ваши предположения

Будет встреча с Богом, который определит участь моей души

667 (11.1 %)

Я снова появлюсь на Земле в каком-то другом теле

714 (11.8 %)

Я окажусь в ином измерении или иной галактике

401 (6.7 %)

Не будет ничего

2063 (34.2 %)

Что-то наверняка будет, но предполагать не берусь

1596 (26.5 %)

Я проснусь

184 (3.1 %)

Даже думать об этом не желаю
129 (2.1%)
Другой вариант
273 (4.5%)

И еще одно голосование, чтоб два раза не расстраиваться:

ИТОГИ ОПРОСА «ВАШЕ ОТНОШЕНИЕ К БЕССМЕРТИЮ»

Участников: 4553

Хочу или не хочу

Дайте мне эликсир бессмертия!
1889 (41.8%)
Нет, не хочу жить вечно
2633 (58.2%)

ВОПРОСЫ И ОТВЕТЫ

В России принято задавать писателю вопросы на самые разные темы. Почему-то считается, что писатель не просто сочиняет романы, а еще и обладает неким сокровенным знанием. Традиция эта не с меня началась и не мною закончится. В начале своей писательской жизни на любые вопросы, не касающиеся непосредственно моих книг, я принципиально не отвечал — говорил: «не знаю». Со временем я пообтесался, смирился и теперь исправно отвечаю: смысл жизни в том-то и том-то; любовь — это вот что; ученье — свет; жизнь прожить — не поле перейти, ну и прочее подобное. Назвался писателем, полезай в кузов.

У меня в блоге для вопросов есть специальный «почтовый ящик»:

Меня там спрашивают о чем угодно, и я периодически — специальными «постами» или прямо в «ящике» — отвечаю на накопившиеся вопросы.

Вот небольшая подборка, дающая представление о разнообразии читательских интересов.

---

4 ert_poberi

Если можно, то вопрос не Борису Акунину от читателя — «потребителя», а Григорию Чхартишвили от члена Благородного Собрания, например.

Всё пытаюсь почувствовать Ваше 世界観, что через тексты жж сделать легче, чем через книги. Как и полагается, почти ничего не получается, но тем не менее.

Есть ощущение, что у Вас есть более-менее чётко сформулированные принципы, по которым Вы живёте/стоит жить. Если и вправду так, не поделитесь ли? Пожалуйста.

Для тех, кто плохо помнит иероглифику, переведу: *世界観* значит «мировоззрение». Уф. Ну и вопросик. Если коротко, то так. 1) Понять, что ты умеешь делать лучше всех на свете и заниматься только этим. (Я пока еще в поиске). 2) Беречь себя. А это значит: не делать ничего такого, за что потом будет перед самим собой противно. 3) Когда ты не двигаешься вперед и вверх, ты сползаешь назад и вниз.

Всё, по-моему.

---

fream

Расскажите, пожалуйста, о своем отношении к срамословию, матерным выражениям и бранным конструкциям?

Всё уместно в соответствующем обществе и ситуации. Когда я роняю себе на ногу том Брокгауза и Эфрона, я тоже не восклицаю: «Ах, какая незадача!» (Хотя это было бы стильно.)

Иногда бывает, что точней и лучше чем обсценной лексикой не скажешь. Но у нас в БС давайте воздерживаться, а то людей много, и все такие приличные…

---

cialis_viagrych

«Будто проснулся после долгого сна. Или, наоборот, уснул и видит сон. Или родился заново». Эти слова из вашего прошлого поста. Но уже много лет, с тех пор как я запоем прочитал ваши первые книги о Фандорине, меня не оставляет мысль, что при возможности я смогу вас спросить — а произошло ли подобное «чудо» и в вашей жизни тоже? Может, кто-то и будет смеяться, но мне кажется, что ТАЛАНТ только упорным трудом и тренировками объ-

яснить невозможно, тем более когда он вспыхивает на четвёртом-пятом десятилетии тренировок.

Талант есть в каждом, тут я полностью согласен с леди Эстер. И как только ты правильно прочел свою инструкцию по эксплуатации, всё начинает происходить само собой. Однажды шел я по улице и грустно думал: ну почему издатели у нас печатают книжки только про киллеров да оперов, от которых меня тошнит, а заявок на исторические детективы, которые я так люблю, даже к рассмотрению не принимают? И был мне Голос. Он сказал: «Зануда, перестань причитать, надоел. Любишь — сядь и напиши».

---

bhima

Что для Вас смерть?

Да нет никакой смерти, выдумки это. То есть другие-то точно помирают, но с Вами этого никогда не случится. Вы помните время, когда Вас на свете не было? Нет. Потому что Вы были всегда. И будете всегда.

---

fmn74

У меня к Вам странный, наверное, вопрос. А нет ли у Вас желания написать НЕДЕТЕКТИВ? Просто книгу о человеке (о людях, семье, династии), о его судьбе, характере, о его жизни, или Вам это просто не интересно?

Желание есть. Нет уверенности, что получится. Но в моей профессии такой уверенности и не должно быть, она только мешает. Был тут со мной случай — извините за личное. Много лет болит некая точка в спине. И пришел я к хорошему кинезитерапевту. Он пощупал, говорит: это точка (не помню, как по-китайски), которая называется «страх неудачи». Могу, говорит, вас от нее избавить. Нет, отвечаю, спасибо большое. Без этого страха мне никак невозможно. Пускай ноет. В общем, попробую, когда почувствую, что готов.

---

marishka13 k

Интересно узнать, какие личности (выдающиеся и не очень) в истории России и других стран вам импонируют. Может, некоторые из них вам и не нравятся, но завораживают или поражают. В общем те, кто обратил на себя ваше внимание. Заранее спасибо))

Это долго получится. Ограничимся Россией? Пушкин (извините за неоригинальность), Короленко, Чехов… Нет, это меня что-то на коллег повело. С политическими деятелями труднее. Артамон Матвеев. Василий Голицын. Александр Первый (несмотря ни на что). И Столыпин, и Витте — как ни странно, оба. Андрей Сахаров.

---

rastrepav

Что такое современная интеллигенция в России? Кто эти люди? Много их? На что они способны в политическом смысле?

Это люди с высоким уровнем образования и развитым чувством собственного достоинства, неравнодушные к общественным проблемам. По-моему, ничего из сущностных характеристик не забыл? В процентном отношении их не очень много, максимум процентов 15, но способны они на многое, хоть сегодня и сами в это не шибко верят. Так мне кажется. А вам?

---

petrushevski

Э. П. Фандорин совсем не похож на типичного русского человека. Всё-таки ближе образ Обломова, если говорить о среднестатистическом россиянине, хотя это и преувеличение применительно к настоящему времени. А Фандорин — это эдакий Штольц. Соответственно, хотелось бы узнать, как Вы видите среднестатистического русского человека и насколько он эволюционировал с начала 20 века? Какими качествами он обладает? Хорошими и плохими. И как вы считаете, является ли коррупция, воровство частью менталитета русских людей?

Спасибо.

Я считаю, что вороватость и незаконопослушность — это защитная реакция русского человека на недружественность государства. Государство у нас никогда не было «своим», а всегда воспринималось как враждебная сила, которую нужно опасаться, а при случае не грех подоить и объегорить. Такой уж исторический опыт. Изменится государство — изменится и отношение людей к нему.

---

vitazz_one

Хотел у вас спросить, являетесь ли вы космополитом? Или патриотом какой-либо державы? Являетесь ли вы фанатом и сторонником технического прогресса?

Я космполит, поскольку охотно и даже жадно впитываю извне любые новшества и культурные влияния, которые мне по душе. Я патриот и даже империалист в том, что касается экспансии русской культуры (поскольку лицо заинтересованное). Технический прогресс я очень уважаю и люблю. С трудом верю, что каких-то пятнадцать лет назад мог жить без телефона в кармане, интернета (теперь уже тоже в кармане) и прочего.

---

yurganov44

Россия таит в себе страшную угрозу для цивилизации. В ней бродят дикие, разрушительные силы, которые рано или поздно вырвутся наружу, и тогда миру не поздоровится. Это нестабильная, нелепая страна, впитавшая все худшее от Запада и от Востока. Россию необходимо поставить на место, укоротить ей руки. Это пойдет вам же на пользу, а Европе даст возможность и дальше развиваться в нужном направлении. ГШ, это Вы так считаете или Ваш герой?

Так считает антигерой. Его мнение для меня неприятно, потому что подобный взгляд на Россию действительно существует и возник он не вследствие какой-то там патологической русофобии, а из-за конкретных исторических причин. Когда тебя ругают, нужно прежде всего отсечь несправедливое и оскорбительное («нелепая, впитавшая всё худшее, укоротить руки») и понять, нет ли в критике рационального зерна. Если есть — задуматься и сделать выводы. А в словах Анвара, по-моему, доля правды есть. Мы и в самом деле взяли от Востока и от Запада не то, чем сильна каждая из этих цивилизационных моделей.

---

tsoky

Скажите, не кажется ли Вам, что та самая наша интеллигенция, которую Вы описали как 15% обще-

ства, излишне склонна к критике власти (причём так в нашей стране было всегда)? Например, не могли бы Вы назвать то, что вы считаете заслугами нынешней власти? (Так ведь не бывает, чтобы всё было неправильно. Иначе такая власть долго не продержится — даже оппоненты должны это признавать.)

У интеллигенции такова социальная роль: критически оценивать работу властей. Ведь подхалимов, помоему, и без нас хватает? Что касается лично меня, то я изо всех сил стараюсь быть объективным и не поддаваться эмоциям. К заслугам путинского десятилетия я бы отнес налоговую реформу, многократно увеличившую число законопослушных граждан, и создание большого валютного запаса, который помог нам устоять во время кризиса 2008–2009 годов. Других заслуг, пожалуй, назвать не смогу.

---

postumia

Расскажите, пожалуйста, какие стороны писательской жизни вам нравятся, а от каких вы бы с удовольствием отказались. Я имею в виду не только написание книг, но и ваше положение как общественной фигуры. С одной стороны: публичность — это, наверное, скорей помеха. Но с другой стороны, она обеспечивает возможность быть услышанным, принятым к сведению, повлиять на общественное мнение и даже (как в случае с фильмом Олега Дормана) продвинуть некоторые проекты.

Мне нравится почти всё. Эта профессия придумана как будто специально для меня. У нее, естественно, есть свои минусы. Например, она не знает отпусков и выходных. Или еще: что бы ты ни увидел, что бы с тобой ни происходило, внутри работает фильтр: это пригодится, это не пригодится. А про общественное влияние — зависит от личности. Есть авторы, для кого это важно. Я бы предпочел не светиться, это меня только сбивает. Если я публично высказываюсь по каким-то общественным или политическим темам, то делаю это не из желания «пасти народы», а от ощущения, что стыдно промолчать. Хочу, чтобы у нас снова настали времена, когда я смогу сидеть в своей ivory tower и при этом не чувствовать себя скотиной.

---

adilgo

«История учит тому, что она ничему не учит». Верно сказано. ГШ, доказали бы вы обратное?

Если хорошо учиться, то учит. Вот в танском Китае, я читал, для чиновников существовал специальный экзамен на знание истории. Без этого нельзя было достичь следующего ранга. Я бы и у нас для лиц, претендующих на ответственные госдолжности и депутатские мандаты, обязательно ввел бы такой экзамен. Глядишь, не случилось бы ни афганской войны, ни чеченской, ни многих других бед.

---

bettybarklay

Уважаемый Григорий Шалвович! Поскольку в комментариях неоднократно появились категорические утверждения о том, что история не наука, прошу Вас поделиться с нами собственным отношением к этой сфере человеческих знаний. Что для Вас история: просто прошлое или наука? С «любовью» к чему мы тут собрались? И попутно: как Вы относитесь к Новой Хронологии Фоменко-Носовского?

У меня в блоге исторических знаний, пожалуйста, не ищите. Я лишь делюсь с вами своими выписками, которые делал в ходе чтения разных книг и документов, не ставя себе задачи проверять истинность. Поэтому возможны и ошибки, и неверные интерпретации. Мои посты на самом деле не столько про историю, сколько про мысли и ассоциации, которые у меня возникают при чтении.

От Новой Хронологии меня интенсивно тошнит. Случалось даже поссориться на этой почве.

---

ivnoskova

Мне тоже (как и многим) не дает покоя кажущееся не родство ЭФ и Корнелиуса. И вот что пришло мне в голову. А не может ли быть Кира Ивановна из фон Дорнов, например, по материнской линии? Про мать ее нигде не упоминается, а Кира вполне девушка достойная быть из Дорнов, и волосы рыжие, и по описанию похожа на Летицию, да и характером тоже. Что скажете?

Я считаю родство по японскому принципу: преемственность не по крови, а по духу. Именно поэтому я и устроил генетический сюрприз во «Внеклассном чтении». Гены скучны, а вот духовная энергия, переходящая от учителя к ученику, это и есть настоящая наследственность. Яблоко от яблони далеко падает, а от осины, oh yes, родятся апельсины.

---

elenalerner

Я в разной литературе сталкивалась с описанием «развилок истории» — когда судьба страны могла пойти по-разному (например: Соколов, Курукин, Карацуба «Выбирая свою историю. „Развилки" на пути России: от Рюриковичей до олигархов» 2006). В истории России это случалось много раз — и ВСЕГДА выбирался путь авторитарный. Иногда это было связано со случайностью (например, смерть правителя), иногда — было более или менее сознательным выбором. Меня давно интересует, почему в России так…

Альтернативная история как жанр меня мало интересует из-за своей очевидной бесплодности. Как у Жванецкого: «Если бы те, вчерашние, были по три». А развилок, на которых всё могло повернуть в иную сторону, было сколько угодно. Победили бы идиоты-князья на Калке, не было бы монгольского нашествия с азиатской моделью государства. Удержись на престоле Лжедмитрий, западнические реформы произошли бы на век раньше. Не погибни Александр второй, не рассорься Деникин с Кубанью, не одолей горбачевская фракция романовскую, не очаруйся Ельцин питерским скромнягой… Всё это — прошлогодний снег. Что получилось, с тем и надо работать.

И вовсе не всегда Россия выбирала авторитарный путь. Что далеко ходить? Вспомните август 1991-го.

---

resonata

Уважаемый ГШ! Хотелось бы узнать, как Вы относитесь к разным религиозным и философским системам? И какие ценности для Вас священны настолько, что того, кто их задел, Вы вызвали бы на дуэль?

У меня собственная система взглядов, натащенная из разных систем. С возрастом это происходит естественным образом. Так сказать, достигается упражнением.

На дуэль из-за расхождения в принципах я бы никого вызывать не стал. Вообще, скажу я вам: если оппонент настолько заслуживает уважения, что ты готов удостоить его картеля, то стрелять в него нельзя — вдруг убьешь? А разве можно убивать того, кто заслуживает уважения?

---

alexy7742

Уважаемый ГШ, хочу задать вопрос про некое высказывание в «Театре». Вообще симметрия-асимметрия как диалектическая пара архетипов меня сильно занимает. Читаю слова героини Вашего романа: «… фильма — это муха в янтаре. Совсем как живая, только мертвая. … вечность и бессмертие — враги искусства, я боюсь их!». С точки зрения симметрии получается, что раз вечность и бессмертие — враги искусства, то имеет смысл предположить и обратное, что Искусство — враг Вечности и Бессмертия. Но, может быть, здесь нет симметрии, как сказал когда-то Паули, Бог в слабой степени левша. Как Вы думаете?

Я полагаю, что произведение искусства может считаться таковым до тех пор, пока оно не канонизировано. Затем оно перемещается в категорию «культурное достояние». Искусство, в моем понимании, это всегда нечто новаторское, небывалое прежде, царапающее нервы — если угодно, провокационное. В этом смысле произведение искусства и вечность несовместимы. Культурное наследие и вечность — да, безусловно. Для меня проявлением беспримесного искусства является японское мастерство делать цветы из дыма.

Но это трактовка, которая устраивает лично меня. Я не готов предлагать ее в качестве единственно верной.

---

slavamalamud

Григорий Шалвович, у меня вопрос про Ваше пропадающее добро. Как видно, Вы уже точно знаете, что без блога это добро пропало бы. Никаких сомнений («А вдруг еще пригодится?») у Вас уже нет? Похоже, Вы уже точно знаете, какие темы Ваше творчество еще затронет, а какие — уже нет. Что не придется больше кстати забавный анекдот из жизни наполео-

новского двора, пример из яркой биографии Видока (как жаль!), взгляд на японских камикадзе или увлекательное повествование о прыжках в бочках с Ниагары.

Значит ли это, что конец Ваших литпроектов уже близок? Или, во всяком случае, четко Вам виден?

Да, я потихоньку начинаю закругляться. Этот процесс, видимо, еще растянется на несколько лет. «Пелагия» и «Магистр» закончены. «Брудершафт» я допишу в этом году. Фандоринских книжек будет еще две. В «Жанры», правда, еще поиграюсь. Но это не значит, что я перестану писать — ведь я ничего другого делать не умею. Просто буду писать другое или иначе. А иногда, если захочется вспомнить старое, то и в прежнем амплуа, может быть, что-нибудь сделаю.

Я не стою на месте, я меняюсь, перестраиваются интересы. Это нормально.

---

morriganvitad

Добрый вечер, Григорий Шалвович. Как Вам кажется, почему люди верят в Бога. Огромное количество умных, образованных и продвинутых людей были и есть религиозны. И это при шагающей семимильными шагами науке и при освоении космоса. Я имею в виду, истинно верующих, а не поклонников моды последних лет. И еще вопрос вдогонку: А Вы во что верите?

Полагаю, религиозность зависит не столько от ума и уровня образования, сколько от внутренней необходимости. Если есть экзистенциальная жажда ощутить себя частицей чего-то Большего, если вера дает чувство осмысленности бытия, чувство защищенности, человек принимает идею Бога, а если нуждается в квалифицированном посреднике, то и идею Церкви. У меня, к добру или к худу, такой потребности нет. Я живу в сознании, что все проблемы должен решать сам, помощи ждать неоткуда, каяться не перед кем — все равно на всемилостивое отпущение грехов уповать не приходится. За всё отвечаешь сам, и если что, осудишь себя тоже сам. Ошибался Иван Карамазов, когда сказал: «Если Бога нет, всё дозволено». Никто с тебя за подлость не спросит строже, чем ты сам. Это не то чтобы я сознательно выбрал такую позицию — она сложилась естественным образом.

---

jip_cat

Читаю историю восстания холодноярцев в лукьяновской тюрьме. Я в который раз поняла, что совсем не знаю истории, даже собственной страны, даже ту недалекую, свидетели которой еще живы. Чувствую себя одураченной. Было ли с Вами такое: как будто сформировавшееся уже мнение о том или другом событии или персонаже становится совершенно с ног на голову, когда открывается новая информация?

Такое со мной случалось неоднократно. Из недавних примеров, коснувшихся меня лично, — Григорий Распутин. Я всегда относился к этой фигуре с отвращением, считал чуть ли не главным виновником всех наших бед. Собирался Эраста Фандорина схлестнуть с «сатанинским старцем». Сел собирать материал. Действовал по принципу, которым воспользовался мой Зепп: в одну папку складывал рассказы врагов Распутина, в другую — его друзей. В третью из двух первых отбирал только совпадающие факты, постановив считатать их истинными. Ну и получилось, что Распутин не столько виновник, сколько жертва. Даже жалко его стало. От идеи романа «Черный человек» пришлось отказаться.

---

o_yasina

Никогда не решилась задать бы этот вопрос, но меня потрясли события в Японии и стихийно возникшая в связи с этим дискуссия в СМИ и Интернете. Вы верите в прогресс, эволюцию, цивилизацию? Чтобы не спорить о понятиях, назову это «движением человечества вперед». У меня к примеру на этот счет очень серьезные сомнения (разрушение окр. среды и неизменный на протяжении веков театр чел. отношений)… Конечно и о регрессе, а уж тем более апокалипсисе говорить вроде бы смешно, во-первых фанаты iPhone меня не поймут, а во-вторых я не Дюма-младший, чтобы миссионерствовать. Скорее, имеет место какое-то бесконечное «tourne en rond»… Как вы это видите?

Да, я верю в прогресс — если понимать под этим постепенное отдаление человечества от своих животных истоков. Безусловно, как и всё на свете, это движение имеет свою теневую сторону. Например, то же разрушение окружающей среды или ослабление здоровья (для цивилизационно развитого существа крепкое здоровье, физическая сила и молодость не являются необходимым источником выживания). Развитие это нелинейно, регрессы случаются сплошь и рядом. И всё же человек цивилизованной страны 21 века сильно отличается от средневекового жителя. Например, публичное сожжение ведьмы на Пикадилли или Тверской улице вряд ли станет поводом для народного веселья. А впрочем тема слишком обширна, чтобы можно было ответить на нее коротко. Я вообще-то собираюсь про это книжку написать. Толстую.

Я тут встречался с сотрудниками «ГУГЛа», они меня спросили о том же самом, выслушали ответ и обозвали меня «трансгуманистом». Вот я, оказывается, кто.

---

tantovitali

Григорий Шалвович, скажите, что такое, быть писателем? Это как? тяжкий труд? Когда вы сказали себе: «Я ПИСАТЕЛЬ!». Безумно интересно. Вот бы задать такие же вопросы Достоевскому, Маркесу и другим… многим писателям..:) Извините, может быть вопросы не корректны…

Ну, во-первых, я не уверен, что я писатель. И это не кокетство, как многие думают. Занятие, для которого я создан (во всяком случае, наиболее для меня естественное и интересное), — придумывать всякие штуки. Поскольку в силу профессиональной подготовки я лучше всего умею составлять буквы (а, скажем, не компьютерные программы), я реализую это свое качество в виде книжек. С другой стороны, я недавно придумал японский неологизм Сакка-до («Путь Писателя», вроде Бусидо и всяких иных «до»). Это означает постигать жизнь и себя через писательство. Раз уж так вышло, что я стал писать, пускай это и станет моим Путем. Может быть, он выведет меня туда, куда нужно.

---

tyuqor

Очень хотел бы знать Ваше мнение по следующему вопросу:

как вы считаете, при каком политическом строе Россия способна достичь наивысшего процветания? Уточню: вопрос не о былом величии Российской Империи, а о современной России. Хотя, конечно, Вы, возможно, считаете, что пик процветания наша страна давно миновала, сейчас переживает не период временного упадка, а неуклонно угасает и перспективы у нее… ну, скажем, грустные.

Чего это они грустные? Я так не думаю. Нам предстоит карабкаться по высокой и крутой лестнице. Ступенек мы пока осилили немного, но все-таки топчемся уже не на нулевом уровне. Последние четверть века не прошли даром — мы стали другими, а наши дети тем более. Надо двигаться вверх, не слушать дураков, не верить демагогам, думать своей головой, никого не сажать себе на шею. И всё у нас будет хорошо.

---

lyolya78

Что по-вашему всё-таки важнее в мире — Разум или Чувства? Чем руководствоваться надо, по-вашему, чтоб быть в гармонии с собой? В ваших произведениях прослеживается этот вопрос, но ответ я пока не нашла))) также как и в своей жизни. Последние годы прислушивалась к рассудку, а недавно вдруг начало казаться, что к голосу сердца надо прислушиваться… Ваше мнение мне интересно.

Ох, если б я знал. Вы совершенно правы, именно об этом я и пишу книжки. Я человек сугубо головной, однако по опыту знаю: в самых важных коллизиях слушаться нужно не доводов рассудка, а внутреннего голоса. Даже если он, как в анекдоте, шепчет: «Прыгай с крыши, не бойся, ничего с тобой не будет».

---

unclenick

Хочу узнать Ваше мнение, как человека хорошо знающего не только Японию, но и японскую культуру и язык.

Не так давно академик Алексей Яблоков предрек Японии весьма мрачные перспективы: возникновение 420 тысяч дополнительных случаев рака, глубокий кризис японского рыболовства из-за заражения окрестных вод. Другие эксперты ожидают значительное падение ВВП, крах туризма в Японию.

Мой вопрос может показаться Вам странным: я навсегда опоздал с поездкой в Японию или не всё еще потеряно? Сумеет ли эта стойкая нация оправиться от нанесенного удара и в очередной раз удивить весь мир?

В девяностые годы я был на одном семинаре, где слушателям рассказали — не знаю, правду или байку — о некоем компьютерном исследовании (тогда такие штуки были в большой моде). Что будет, если взять очень богатую скандинавскую страну и одну очень бедную страну, находящуюся на одном солнечном континенте, отобрать у первой всё имущество, производственные мощности, капиталы и передать Бедной Стране. Расчеты показали, что через одно поколение Скандинавская страна восстановит свое положение, а Бедная Страна дармовое богатство полностью утратит, потому что местные элиты разворуют самые лакомые куски, а население проест и прогуляет доставшиеся ему крохи. Я помню, какие конкретно страны были названы как объекты модельного исследования, но не буду их называть, да это в сущности и неважно. Важно то, что существует такая неполиткорректная штука как качество населения. Имеется в виду качество не отдельных людей, а общества в целом: способность к самоорганизации и самодисциплине, законопослушность, трудовая и бытовая этика. В Бедной Стране, может быть, талантливых и добрых людей было больше, чем в Скандинавской Стране, однако в целом — как общество население этой страны в своем тогдашнем состоянии оценивалось экспертами крайне низко.

Так вот японское общество по «шкале качества» занимает одну из первых строчек в мире. Даже если там будет еще десять землетрясений, японцы стиснут зубы, засучат рукава и через какое-то время станут жить еще лучше, чем прежде. Никаких сомнений: в графе «качество» у японцев твердая «пятерка». Из-за этого там не было мародерства после страшного землетрясения и чиновники не использовали миллиардные дотации для откатов и распилов.

Мы же в России по нашему коллективному «качеству» пока что «троечники», и положение у нас в стране поэтому тоже троечное, несмотря на все нефтедоллары. Давайте работать над собой, а не Японию оплакивать.

---

indefin

Григорий Шалвович! Почему любить конкретного человека — это уникальный Дар? Как Вы думаете, есть люди, которые не могут любить кого-то в принципе? Как Вы относитесь к тезису — кто любит, тот любим? Что лучше, на Ваш взгляд, любить самому или быть любимым?

Что ж, попробую заняться сомнительным делом: порассуждать на тему, которая от всякого теоретизирования чахнет и съеживается, как Mimosa pudica от грубого прикосновения. Надеюсь, я правильно понял, и Вы спрашиваете о той любви, которая Любовь? То есть не о любви к родине, детям и родителям, шоколаду, художникам-передвижникам и прочим несексуальным объектам?

Читатели моих книг и моего блога уже знают, что меня хлебом не корми — дай пришпилить булавкой и подвергнуть анализу всякие трудноопределимые материи (недавно вот со смыслом жизни немножко поразбирались). Естественно, пытался я в свое время уяснить и что такое любовь. В одном из романов, не помню котором, я, кажется, уже излагал свои умозаключения устами какого-то персонажа. Не знаю, согласитесь вы с моей версией или нет.

Мне кажется, чувство, которое мы называем «любовью», возникает, когда тебе кажется, что именно вот этот человек, и больше никто другой на всем белом свете, может тебе дать то самое, в чем ты больше все-

Теоретизирую о любви

го нуждаешься. Это проявление экзистенциального голода, взыскующего насыщения. Очень часто мы сами не знаем, чего именно нам не хватает для счастья, не можем найти нужных компонентов внутри себя (да их там, вполне вероятно, и нет) — поэтому надеемся заполнить эту пустоту при помощи другого человеческого существа. Полагаю, именно это имеется в виду, когда говорят о «второй половине».

Само собой, на этом пути нас подстерегают всякого рода опасности и разочарования. Во-первых, сплошь и рядом мы гонимся за химерой: того, что тебе нужно, в объекте влюбленности не оказывается. Или же «объект» тебе позарез нужен, а ты ему, что называется, на фиг не сдался — у «объекта» какой-то иной голод, удовлетворить который ты не в состоянии.

Но игра стоит свеч. Потому что если получилось и сложилось, два одиноких и неполноценных осколка соединяются в некую волшебную общность, которая называется Счастливой Парой.

СПИСОК ИЛЛЮСТРАЦИЙ

Генрих Гиммлер (1938), фото неизв. авт., Федеральный архив Германии. *88*

Мартин Борман (1934), фото неизв. авт., Федеральный архив Германии. *89*

Герман Геринг (1938), фрагмент фото неизв. авт. *89*

Маршал СССР Василий Блюхер (1930), фото неизв. авт.; маршал СССР Александр Егоров (1930) фото неизв. авт.; маршал СССР Михаил Тухачевский (до 1937), фото неизв. авт. *90*

Секретарь ЦК КПСС Георгий Маленков (1950-е) кадр кинохроники; Председатель Совета Министров СССР Никита Хрущев (1950-е), фото неизв. авт.; Лаврентий Берия (1953), фрагмент фото Николая Ситникова © ИТАР-ТАСС; Председатель Президиума Верховного Совета РСФСР Андрей Жданов (1940-е), фото неизв. авт. *91*

Никита Хрущев на заседании Генеральной Ассамблеи ООН (1960) © ИТАР-ТАСС/PHOTAS/DPA. *92*

Борис Чирков в роли Максима, кадр из фильма «Юность Максима» (1935). *92*

Павел Кадочников в роли Ивана Архипова, кадр из фильма «Драгоценные зерна» (1948); Павел Кадочников, народный артист СССР (1982), фото Владимира Савостьянова и Валентина Мастюкова © ИТАР-ТАСС. *93*

Марк Бернес в роли Аркадия Дзибина, кадр из фильма «Два бойца» (1943); Георгий Жуков, маршал СССР (до 1944), фото неизв. авт. *94*

Константин Рокоссовский, маршал СССР (1943) © ИТАР-ТАСС; Алексей Кузнецов, Первый секретарь Ленинградского обкома и горкома КПСС (1940-е), фото неизв. авт. *95*

Иван Черняховский, генерал армии СССР (1942), фото неизв. авт. © ИТАР-ТАСС. *96*

Иллюстрация к роману Б. Акунина «Весь мир театр» (2010), худ. Игорь Сакуров. © Издательство «Захаров». *99*

Эрнст Кальтенбруннер (начало 1940), фото неизв. авт.; Отто Скорцени (1943), фото Генриха Гофмана, *101*

Серж Лифарь, Жорж де Куэвас, дуэль 1958 года. «Paris Match», 5 апреля 1958. *104,105,106*

«Портрет Михаила Кутузова» (1812), худ. Роман Волков. *109*

Георгий Жуков, маршал СССР (1957) © ИТАР-ТАСС. *110*

Марсель Бигеар, генерал армии Франции (конец 1940-х)